AF447320

Notes / E

Tener una campaña del anuncio Facebook que es efectiva involucra más que simplemente haciendo estallar su anuncio en Facebook. Seguro, ocasionalmente usted podría tener suerte y podría disfrutar de la salsa de este tipo de Facebook respecto a la campaña, pero usted puede asegurar salsa normal creando anuncios que son efectivos usando estos 5 consejos.

El móvil del #1 sólo los anuncios – Alrededor de 75 % de todo Facebook los usuarios lograrán acceso a Facebook usando un dispositivo móvil. Facebook le ofrece la oportunidad a crear y manejar seperate móvil de anuncios. Una estrategia tantos anunciantes acostumbra debe separarse su apuntarle a entre su campaña móvil y su campaña de mesa en vez de crear una campaña separada para cada uno.

Los anuncios del #2 para su aplicación móvil – Si usted tiene una aplicación móvil para su marca, Facebook le da la habilidad para rastrear sus descargas de la aplicación. ¡Esto es muy efectivo! Especialmente si usted quiere crear a su comunidad. Con cada descarga usted podrá orgánicamente alcanzar a esos usuarios. Como un arranque nuevo que trata de volver usuarios que está comprometido en su producto allí es un montón de potencial aquí.

#3 Retargeting – parece que en los últimos tiempos reapuntlear a ha alcanzado alturas nuevas en los círculos mercadotécnicos. Éste es el tipo de anuncio que le seguirá por la internet. Por ejemplo, digámosle está en un sitio que vende zapatos, ya sea usted hace una compra o no, que es altamente probable que usted verá anuncios para los zapatos usted estaba mirando del todo alrededor de los bordes de la Internet como usted hace una lectura ligera a otro sitio.

Facebook provee una forma poderosa que usted enlata audiencias aduaneras que consumen reblanco. Esta herramienta le provee de una forma regalada alcanzar grupos de la audiencia altamente específicos a través del uso de una combinación de datos de interés Facebook y los datos de prospecto que los anunciantes Facebook poseen.

Otro método que puede usarse para reapuntlear a es para que usted cree a una audiencia utilizando el editor de poder. Usted necesitará instalar el tapón Cromado de adentro para poder usar esto, pero le dejará tele-enviar un enlistado de direcciones de correo electrónico del marchante de uno de las muchas plataformas de mercadeo por correo electrónico o de una hoja contable Excel.

#4 Experiment con su página anuncia en carteles – Cuando usted crea un anuncio Facebook, usted como el anunciante podría decidir promover un poste que ya ha sido publicado en Facebook o usted podría decidir crear un poste nuevo que nunca ha sido publicado antes. Usted siempre debería promover postes orgánicos de la página que han tenido un grado alto de compromiso y uso compartido entre usuarios Facebook. Esto instantáneamente le añadirá el contexto social a su grupo meta y proveerá el ROI. más alto

El #5 Rotate su diseño creativo – el Switch arriba de los componentes creativos de sus anuncios por mucho tiempo ha sido una costumbre en hacer publicidad. Los anuncios hacen mucho mejor cuando esta costumbre es implementada.

Los anuncios Facebook se están progresivamente volviendo más populares como una forma de publicidad porque es altamente efectivo. Sin embargo, si usted no es precavido usted puede tener una sorpresa auténtica cuándo usted descubre su cuenta por simplemente algunos días está en los centenares de dólares. Esto es por qué es tan importante crear un umbral de tarifa combinada de envío de clic.

Además, algunos anuncios funcionarán mejor que a los otros. Lo último que usted quiere ver tiene verificativo es que usted arroja fuera su chavo en los anuncios que no actúan bien. Ésta es otra buena razón para tener un umbral de tarifa combinada de envío de clic en el lugar para todo Facebook respecto a las campañas.

Consideremos un ejemplo. Digamos que creamos una campaña diseñada para llevar a más personas a nuestra página aumentar nuestros abanicos en debajo de $0.30 un abanico. Sin embargo, nuestro anuncio generó 3 abanicos en el mínimo y 21 abanicos en la máxima licitación. Esto asume todos nuestros clics convertidos a gustos.

Lo que esta manera es que nuestro costo por abanico estaba entre $0.65 y $5.60 y las mayorías estaban en el fin muy más alto. El resultado de fin – nos echábamos al anuncio para operar pobremente. El chavo gastado en el anuncio pudo haber estado mucho menos si habíamos creado a un Facebook respecto a umbral.

Es importante que usted determine qué clic la tarifa combinada de envío usted está bien y en ese entonces para inmediatamente echar a perder cualquier anuncios que no realice para los estándares usted el set.

El proceder asegurará que usted no tenga ninguna enorme sorpresa o cuentas usted no puede permitirse. Recuerde, cuando usted establece a su Facebook respecto a las campañas que usted provee su información de la tarjeta de crédito y autorización para cargar a la cuenta esa tarjeta de crédito, así es que de a devis es importante que usted sepa de lo que usted puede ser acusado.

Facebook respecto a las campañas es una gran forma para traer a las visitas nuevas a su página Facebook, para su sitio Web, o a correr una promoción, para nombrar simplemente a unos cuantos. Sin embargo, antes de que usted entra de un salto con ambos pies, le alentamos a tomarse el tiempo para aprender y comprender simplemente cómo surten efecto los anuncios Facebook a fin de que su experiencia es una positivo y usted la verdad cosecha los beneficios de un Facebook respecto a la campaña. Porque si usted no comprende cómo todo ello se junta, usted afronta el riesgo de un cargo muy alto que no estará para su ventaja.

La adición reciente de anuncios Facebook les ha dado a los dueños de negocio otra opción CPC para su publicidad. La diferencia es ésta una mucha más opción costeable que anuncios de punto de vista Google. Ahora un bien hora de escoltarle a través de los 10 pasos hacia plan su Facebook respecto a la campaña.

El #1 Create Su Anuncio – Tras usted pone en bitácora en su cuenta Facebook, la mirada en la parte superior a la derecha de su navegador y usted le verán al ' Create un Anuncio ' botón de verde. Haga clic eso y usted está listo a empezar.

El #2 Choose Qué para Advertise – Usted tiene un montón de opciones. Usted puede promover aplicaciones, URLs, dominios, locación, acontecimientos. Etcétera. Por ejemplo, tal vez usted quiere conducir tráfico hacia su página de aterrizaje o tal vez usted quiere tener más ' gustos ' para su página Facebook.

El #3 Estableció Su Anuncio – Usted necesitará escribir una copia chaparra y entonces confirmar el URL. Su despliegue del alféizar de exhibición preliminar del anuncio (directamente el lado) así es que usted pueda ver lo que su anuncio mirará como electrizado. Algunos tipos de anuncios no requieren texto del anuncio.

El blanco del #4 Su área Geográfico – Choose la región geográfica que usted quiere que su anuncio corra adentro. Pague atención la caja que dice ' dentro de ' 10, 25, 50 millas de su región. Escoja a lo apropiado para su mercado meta.

El blanco del #5 por la Edad y el Género – Choose la edad y el género que usted quiere ver su anuncio. Asegúrese de desrevisar la caja a la derecha, de otra manera las tomas Facebook la libertad de mostrarle su anuncio a un mercado meta similar pero no lo que usted definió.

El blanco del #6 los Intereses Precisos de Su Anuncio – los usuarios del Blanco basados en su historial ético, intereses, su estatus, sus pasatiempos, etcétera. Defina los intereses exactos. Si el interés específico usted quiere apuntarle a en su anuncio no es mostrado dentro del blanco ancho, usted puede introducir la palabra clave que tiene más importancia y que Facebook le mostrará las opciones más cercanas. O usted puede usar categorías amplias. Está de Dios y de la ley simplemente cómo mucho control que usted tiene.

El blanco del #7 Su Ad Bsed en Conexión – Mientras usted puede apuntarle a por la edad, la geografía, los intereses, etcétera. Facebook también ofrece respecto a apuntarle a eso se basa en sus conexiones. Por ejemplo, usted le puede apuntar a las personas que están relacionadas a su página comercial la aplicación / específica. Usted aun le puede apuntar a sus amigos.

El plan del #8 Su Fijación de Precios y su Intento – Esto está un poco más tramposo. Si usted no es precavido cuando usted establece esto, en lugar de acusar usted en el CPC (Per Costado Click) Facebook cargará a la cuenta su campaña sobre el método del camino crítico poniéndole precio, que es el costo por 1000 veces sus despliegues del anuncio. Si a usted le gusta el método del camino crítico y eso es lo que usted quiere eso está padre, pero el ciento y la madre está sorprendido de descubrir que su presupuesto ha desaparecido y tienen sólo un puñado de clics, porque no comprendieron lo que escogieron.

La revisión del #9 Su Anuncio – Antes de Que usted toma su anuncio vivo, revise detenidamente todo y asegúrese de que es exactamente lo que usted quiere.

La lancha del #10 Su Anuncio – Usted lo hizo. Su anuncio Facebook está listo a lanzar. Dé un clic sobre el botón azul ' Pedido de la locación, ' y su anuncio se volverá electrizado. Ahora usted necesita mantenerse observando su anuncio Facebook a fin de que su presupuesto sea usado bien y se acuerda de que usted puede pellizcar por el camino adelante.

Crear un anuncio Facebook es simple, pero crear un anuncio Facebook que es provechoso toma un poco más de habilidad y un poco más de erudición. No es difícil excesivamente especialmente una vez que usted sabe lo que los expertos de los medios de comunicación sociales hacen.

Usted querrá explayarse sobre su base. Promueva su poste en uno muy ese le entregue una vida más larga a través de los piensos de sus abanicos, alcanzando los amigos de sus abanicos, y todas esas personas que no son abanicos. Promover es crucial porque no todo sus clientes probables son actualmente sus aficionados.

Cuando usted enfoca la atención en las palabras claves usted acostumbra que usted hace un mejor trabajo de mejorar su visibilidad y su apariencia. El uso de la marca de palabras que se relacionan y le dan un borde sobre sus competidores. Las palabras claves son una forma excelente para ayudarle a apuntarle a su audiencia.

No olvide tomarse el tiempo para dividir experimental sus anuncios. Ésta es una herramienta energética designado Facebook Power Editor. Cuando usted crea su anuncio usted fácilmente puede hacer un duplicado tan puede probar variaciones de su anuncio original. Usted le puede probar con copia diferente, titulares, y cuadros. Después de 100 da un clic sobre cada anuncio se caerá completamente y el mismo con el CTR mínimo creará un anuncio nuevo para probar en contra de su anuncio de control

Usted debe asegurarse de que usted le apunte a su CTR. Los anuncios Facebook son anuncios de despliegue, lo cual quiere decir que no van a hacer pasar a Google. Esto quiere decir que su clic promedio a través de la tasa (CTR) está muy más bajo en sólo 0.1 % comparado a 1 % con un anuncio Google. Así es que usted necesita ser cierto usted le apunta a CTR y no sólo enfoca la atención en su CPC. Mientras más alto su CTR más bajo usted disparará en CPC haciendo su proyecto más costeables y valiosos.

Usted también debería establecer un presupuesto diario para su Facebook respecto a la campaña. Si usted nada más coloca su máximo por el día, de otra manera usted podría tener algunos cargos en su tarjeta de crédito que le asombran. Cotice algunos centavos sobre los mínimos le hacen una valona a la licitación y sobre el tiempo continúe trabajando en mejorar sus anuncios y su CTR.

Usted también debería sacar en claro cuándo es el mejor tiempo correr sus anuncios. Muchos usuarios le darán jaque a Facebook durante las horas de chamba. Usted casi siempre tendrá un tiempo culminante y eso se diferenciará de una compañía / industria para otro. Si usted saca en claro lo que este tiempo culminante es usted puede detenerse y puede largar sus anuncios consecuentemente.

Los anuncios Facebook son fáciles de crear y andar sobre con. Le dejan normar su presupuesto mercadotécnico y proveerle de un número de herramientas evaluar qué tan atinado su campaña (s) es. Son la herramienta social perfecta de mercadeo de medios de comunicación para su negocio pequeño.

El #1 Create Una Tirada y Metas

Antes de que usted cree su anuncio nuevo Facebook, usted debería pensar acerca de lo que es usted quiere que su campaña del anuncio logre. Sea específico – quizá usted quiere enviar más tráfico a su sitio Web o tal vez usted quiere aumentar sus gustos de la página. Tal vez usted promueve un especial o una lancha nueva del producto. Cualquier cosa eso su principio con su intento como su foco para su campaña del anuncio Facebook.

El #2 Create Su Presupuesto

Cuesta hacer publicidad en Facebook así es que usted necesitará decidir lo que su presupuesto va a ser. Cuando usted vuestra cuenta de plan, usted escoge su pago basado en las impresiones de clic /anuncio. CPC (el costo por el clic) quiere decir que usted díspara cada vez que alguien da un clic sobre su anuncio o el método del camino crítico (el costo por impresiones) quiere decir cada vez que su anuncio aparece a 1000 usuarios que usted será acusado. El mínimo pujado por CPC es $0.01, pero lo propuesto grande es exhibido cuando usted plan su anuncio para ayudar a aumentar la salsa de su campaña del anuncio.

El #3 Know Que Su Audiencia Es

Usted tiene acceso a algunos métodos muy sofisticados para apuntarle a su audiencia; Incluyendo a segmentar su audiencia basada en cómo son probablemente, convertirse en un marchante que paga. Usted también puede escoger género, edad, locación.

El Alcance de #4 Use Facebook Connections y Social

Las conexiones Facebook es una gran herramienta para soler atraer puntos de vista del anuncio prolongando el alcance de su campaña. Si usted en realidad quiere sintonizar a su audiencia, usted podría probar la aplicación SocialWire.

El monitor del #5 Su Anuncio (s) y Revisión Su Función

Una vez que su Facebook que el anuncio la campaña administra, usted querrá regularmente revisarlo utilizando al Facebook Ads Manager. De hecho, es una buena idea establecer un horario para revisar función a fin de que usted se quede en exceso de ella. La herramienta Facebook provee datos alrededor de todos los aspectos de su campaña del anuncio. Generará reportes mostrándole son su respuesta demográfica, su función del anuncio, y si usted quiere sacar el máximo provecho, vaya de seguro a semblantear al Facebook Ads Manager Guide – le tomará a través de cada uno de los reportes y herramientas analíticas.

Agallándese notas sobre sus campañas a fin de que usted pueda referir de regreso a ellas a uno más tarde día a ayudarle a usted siempre a quedarse encima de su Facebook anuncio hace campaña.

Los anuncios Facebook continúan creciendo en la popularidad a medida que más y más las personas descubren el valor de ellas.

Sin embargo, si usted no está usando estos exhiben anuncios correctamente usted pudo estar desperdiciando sus dólares mercadotécnicos. Miremos en 5 formas para mejorar sus anuncios Facebook.

Las Versiones de #1 Create y del Anuncio Experimental Diversos

Usted debería crear un número de versiones diferentes de su anuncio con simplemente cambios menores en el texto, debería diseñar, debería modelar, etcétera. Una vez que usted ha creado estas variaciones usted debería correr sus anuncios experimentales por un específico período de tiempo. Ésta es una buena manera para probar ver cuál los anuncios tienen lo más que impacto y alcance en su grupo meta.

La Carrera del #2 los Anuncios para el Período Correcto de Tiempo

Simplemente no baje sus anuncios si usted piensa que operan pobremente. Eventualmente, cada anuncio en Facebook experimentará lo que es llamado ' respecto a la fatiga, ' y usted comenzará a tener una disminución en CTR. Esto tiene verificativo porque los usuarios ya han visto su anuncio, así es que pierde su impacto. Usted necesita constantemente evaluar el rendimiento de la inversión en sus anuncios a fin de que usted pueda revisar, pueda cambiar de dirección, pueda reciclar sus anuncios para aprovecharlos al máximo. El reloj de pulsera pues cuando su CTR buza – eso es la hora de cambiar sus anuncios.

La Conversión de Low-Friction de Uso del #3

Los anuncios Facebook llevarán al usuario correcto a su sitio, pero usted necesita asegurarse de que usted tenga sólo una ' sola llamada para la acción ' sobre la página que aterriza. Esto es cómo convertir el número más alto de personas. Más que una llamada bien fundada para poner en marcha su tasa de conversión en verdad descartará.

El tráfico de Paseo en Coche del #4 para un Landing Page Que Ha Sido Optimizado

Conduzca el tráfico de su anuncio Facebook a fin de que usted pueda captar pistas. Usted necesita hacer seguro su anuncio va directamente a su página del sitio y allí su cliente probable tiene que saber qué es esperado de ellos después. Si usted no hace esto correctamente, usted va a arrojar por la ventana su chavo.

El #5 No Conduce Tráfico hacia un Sales Page

Si usted hace esto usted les observará dar un clic sobre el botón de atrás más rápido que lo que usted puede decir ' adiós.' En lugar de eso, lo que usted quiere hacer es oferta ellos algo para lo que ellos pueden poner una aplicación como un boletín de prensa, le pueden dar algo de valor fuera de oquis y a trueque los hace alistarse, etcétera. Si usted da sus prospectos algo que quieren como la ayuda libre, su siguiente paso deberá convertírselos a un marchante que paga.

¡Encájese cuál Facebook pueden hacer los anuncios para usted!

Los anuncios Facebook pueden ser una forma efectiva para aumentar su conciencia, fincar gustos nuevos, las personas directas para su sitio Web, crean una antigua oferta, y bastante más. Facebook respecto a las colocaciones se basa en su licitación y de lo que la mayoría de anunciantes se dan cuenta es que mientras más alto su licitación más alto su colocación excepto lo que la mayoría de anunciantes no saben es que lo más alto su tipo comprador está tan más acelerado que sus anuncios serán aprobados.

Si toma hacia un rato para sus anuncios sea aprobado, usted pierde el tiempo cuando usted podría estar probando sus anuncios. Simplemente aumentando su tasa cotizada después de que sus anuncios puedan traer aprobó más rápido. Esto no chambea por siempre, pero eso surte efecto para poner en movimiento cosas.

¿Por qué chambea esto? Porque el sistema de Facebook le da prioridad a los anunciantes basados en cuánto usted agota de forma regular. Así que si usted cotiza método del camino crítico de $1.00 pero entonces lo intercambia para $0.05 que Facebook va a resolver eso fuera. Entonces, usted no querrá usar este truco para simplemente demasiado largo de un tiempo. Sin embargo, es una técnica excelente si usted es un anunciante nuevo.

Usted debería encajarse con las herramientas de rastreo de conversión Facebook que son ofrecidas. Al conducir abanicos es una razón principal para usar anuncios Facebook, hay otras razones como conducir tráfico hacia su sitio. Afortunadamente, si usted es una de estas personas, Facebook tiene rastrear herramientas con las que usted puede encajarse. Ésta es una gran técnica para soler decidir qué tan sano sus anuncios funcionan junto con cuánto la renta que el anuncio genera.

Cuando usted usa estas herramientas usted puede decidirse si sus anuncios actuales causan que usted pierda chavo o genere ganancia. Si usted no corre un costo por abanico respecto a la campaña, en ese entonces usted debería encajarse con esta herramienta Facebook.

Siempre tenga a la vista el ' factor de pasión ' cuando usted crea a Facebook respecto a las campañas. Cuando usted crea su anuncio hace campaña si usted no considera el hecho que algunos grupos son mucho más apasionados que otros, usted no está solo – es una embarrada común entre comercializadores y anunciantes. Los aficionados enfadados darán un clic sobre sus anuncios mucho más a menudo. Su trabajo es conjurar una respuesta apasionada de su anuncio y la mejor forma para hacer éste está con personas apasionadas.

Por supuesto, usted también debería evitar anuncios aguados. Cree anuncios que van a generar una respuesta emocional y en ese entonces espectadores del blanco que son apasionados acerca de su interés.

En lo que se refiere a hablar de propina eso los hará a sus anuncios Facebook una salsa allí quedarlos ciertamente muchísimos rumoreándose. Sin embargo, hay también, muchos consejos raros que no escuchamos tanto acerca de eso puede hacer nuestro Facebook respecto a las campañas un tanto así más exitoso. Eso es lo que nosotros vamos a mirar ahora mismo. Por ahí usted puede combinar todo de los grandes consejos que usted se reúne para crear a un Facebook sólido respecto a la campaña.

La Pista del #1 Su Función

Un chisme que se omite a menudo es el rastreo de respecto a la función. Muchos comercializadores lanzan hacia arriba su anuncio entonces se recuestan y esperan. El problema es que usted nunca sabe si el anuncio funciona bien o pobremente. Encájese con Google Analytics para regularmente rastrear su función del anuncio. Haga seguro su anuncio genera interés y asegúrese de que no haya alcanzado la ' quemadura fuera de ' la fase. Usted debería cambiar sus anuncios al menos cada seis meses. Esto incluye copia nueva, titulares e imágenes.

El #2 Tiene Un Landing Page Clear Call para la Acción

Una vez que el usuario da un clic sobre el anuncio, necesitan saber qué quedan en hacer siguientes. Si el mensaje se mezcla sobre la página que aterriza, simplemente darán un clic sobre el botón de atrás y se habrán ido. Usted necesita asegurar que usted hace un soltero despejado llamada para la acción que sus visitas fácilmente pueden entender y que fácilmente puedan seguir las direcciones. Por ejemplo, ' haga clic aquí, ' o ' la inscripción ahora.' La llamada gráfica para las acciones tienda a trabajar lo mejor.

El #3 el rendimiento de la inversión Understand

El rendimiento de la inversión o el rendimiento del capital invertido es una parte de suma importancia de saber su salsa del anuncio. Usted necesita saber cómo rastrear su rendimiento de la inversión y cómo calcularlo. Hay 5 cosas necesitadas para calcular su ROI.

Demuela número de impresiones

El coste total de su anuncio Facebook (s)

La tasa de tasa /respuesta de clic

Tasa de conversión

La ganancia común por la venta

Lo que usted va a calcular es el costo para tener la venta. Una vez que usted hace este cálculo usted podrá determinar su rentabilidad.

La Manutención del #4 Su Landing Page en Facebook

Considere crear una página de aterrizaje de costumbre bien en Facebook. Esto le ayudará que usted a mantener el costo de sus anuncios más abajo de cuándo usted envía el tráfico a otro sitio

Web. También le da el bono añadido de ser capaz para camioneta de reparto más los gustos y todavía se responsabilizan por sus metas de conversión.

¡Los anuncios Facebook son una herramienta valiosa especialmente cuando el usuario los aprovecha bien!

Facebook Ads es una gran herramienta para su negocio en línea o su negocio tradicional. Provee un camino muy detallado para que usted le apunte a su audiencia y expanda a esa audiencia. Usted le puede apuntar a las personas basadas en lo que hacen, lo que les gusta, quién son, donde viven, y mero de cualquier otra forma usted puede pensar de. Le provee de control asombroso de mercado.

Los anuncios Facebook son sumamente dirigidos a sectores específicos. Esas personas que tienen ' gustos ' que están de cerca relacionadas con lo que es usted ve fácilmente pueden ser. Establecer a un Facebook respecto a la campaña es fácil usar su herramienta simple pero muy energética.

Hay muchas formas para usar anuncios Facebook para su beneficio, incluyendo ofertas, las promociones, los acontecimientos, la aplicación instala, clics de la aplicación de uso, del sitio Web de conversión, del sitio Web, historia patrocinada y gustos de incremento. Expandir a su audiencia para su sitio Web fácilmente puede ser logrado.

El sitio Web Hace Clic es probablemente el tipo principal de anuncio Facebook que usted usará. Usted quiere obligar a las personas a dar un clic sobre su anuncio, lo cual a su vez o las aterrizará en su página del sitio Web o su página Facebook. Cree una página fuerte que aterriza para su tráfico en el que aterrizar es una gran locación para largar. Usted también querrá hacer seguro su anuncio es muy atrayente y crea un deseo ardiente para hacer clic en él

Usted respecto a convence a su audiencia dirigida a sectores específicos de dar un clic sobre eso y averiguar lo que es usted tiene que ofrecer. Su paje de aterrizaje convence su tráfico dirigido a sectores específicos para darle su dirección de correo electrónico a cambio de algo, como un boletín de prensa, el acceso para un trato especial, etcétera. Los anuncios Facebook le dejan apresurar la marcha de este proceso significativamente.

Usted puede respecto a código rastreador para ambos su anuncio Facebook y su página de aterrizaje a ver cómo marcha su campaña del anuncio. Usted también puede hacer esto si su intento es traer a su audiencia dirigida a sectores específicos a su página Facebook y aumentar sus gustos.

El costo de sus anuncios Facebook está en su control, lo cual es una de las razones para su popularidad. Usted puede colocar a un CPC (Per Costado Click) en combinación con un límite diario para su campaña del anuncio así es que usted nunca gasta más de lo que usted puede permitirse el lujo de gastar. Por ejemplo, usted podría colocar a su CPC en 50 centavos y su presupuesto diario en $10.

Sea precavido en su máximum CPC, puede volverse muy alto para algunas palabras claves. Si usted cotizara el alto necesario usted puede gastar mucho dinero, si usted cotizara demasiado muge sus anuncios nunca saldrán a la vista, así es que puede valer más probar otra palabra clave.

Es hora de ponerse ocupado y poner a trabajar anuncios Facebook a ayudar a cultivar a su audiencia y finalmente sus ventas.

Usted quiere crear al sólido Facebook texto del anuncio que ambas obras y llegar de volada aprobó. Aquí hay 3 cosas que usted puede hacer para hacer eso tiene verificativo.

El #1 Write Un Mensaje Claro y Sucinto

Cuando usted escribe su anuncio Facebook, asegúrese de que su mensaje contesta un mínimo de una de estas preguntas:

¿qué es el anuncio aproximadamente?

¿quién es el anuncio aproximadamente?

Qué quiere el anuncio que uno haga

Por ejemplo, digamos que el intento de su anuncio es causar conciencia de marca XX para su compañía XYZ que vende dispositivos. Si el anuncio le contestase ' cuál es el anuncio aproximadamente,' una vez usted lee el anuncio usted sabría que la marca es XX para compañía XYZ. También contesta lo que el anuncio es sobre dispositivos.

El mensaje el sentido del anuncio es claro. Si un marchante estuviese interesado en dispositivos que conocerían eso es lo que usted vende.

El #2 Create Una Llamada Canija para la Acción

Cuando usted maquila su anuncio Facebook, es esencial que usted incluya una llamada canija a poner en marcha (el Departamento de Asia Central). Algunos ejemplos de una llamada a la acción incluyen ' clic aquí, compran ahora,' o ' haga una reservación hoy.'

Su llamada a la acción necesitará ser breve si usted corre un anuncio del recuadro complementario Facebook. Si usted corre un anuncio Facebook Suggested Post que aparece en la alimentación de noticias usted puede escribir una llamada más larga para poner en marcha desde que no hay restricción de personajes.

El #3 Tienen Un Amigo o Cheque Family Su Copia

Esto es especialmente importante si usted es nuevo para escribir a Facebook respecto a copia, pero permanece una buena idea siempre. Si usted quiere saber si su anuncio hace sentido, entonces pídales a un amigo o un miembro familiar que lo lea. Pídales lo que ellos chisme acerca del anuncio, lo que el mensaje que el anuncio es y ya sea sienten que deberían actuar. Si usted no tiene las respuestas que usted anda buscando, en ese entonces usted debería volver al tablero de dibujo y debería rediseñar su anuncio otra vez.

Si usted tiene buenos anuncios que crean problema que tienen una llamada canija para poner en marcha allí son muchas compañías que pueden ayudarle con su diseño del anuncio. La ayuda Facebook es también un buen recurso para ayudarle a tener una mejor idea acerca de lo hace y don'ts de sus anuncios Facebook para disfrutar del regreso más alto.

El mercadeo de los medios de comunicación social constantemente cambia y evoluciona. Lo que chambea en YouTube o el Gorjeo lo puede hacer o no puede surtir efecto en Facebook. Lo que chambea en Facebook podría o no podría dedicarse a otras jurisdicciones de los medios de comunicación sociales, y tan hay esta constante curva de aprendizaje siguiendo casi cómo aprovechar al máximo su poste y su Facebook respecto a campañas. Estas 3 cosas mejorarán a su Facebook respecto a la campaña y le ayudarán a sacar el máximo provecho

Es imperativo Que Usted Advertise

¡Los anuncios Facebook siempre han sido aplaudidos para su habilidad para blanco del micro una audiencia – el brillante! Sin embargo, hoy más que nunca estos anuncios proveen valor excepcional porque Facebook continúa evolucionando y así también hace a su Facebook respecto a sistema.

Hoy, acerca de 95 % de la audiencia que usted ya tiene no verá sus postes o contenido en Facebook. Para aumentar su alcance, usted va a tener que aumentar su mercadeo para incluir publicidad pagada. Éste es el nicho que los anuncios Facebook llenan. ¡Llegue al fondo de verso - es hora de gastar algunos de su morlaco!

Encuentre el Justo Medio

¿Si 6 veces un día son postes de más y una vez una semana no están muy a menudo, cuál es el número mágico? Si usted echa al correo texto, foto, el video o una combinación allí es una proporción que debería acompañar el número de postes. Algunos investigadores han dicho eso después de que su primer poste del día, el alcance continúa declinando. Los otros han salido a la vista tan 5 para 10 postes una semana es adecuada, mientras todavía los otros dicen que usted debería echar al correo 5 postes al día. ¿Tan cuál es la respuesta? Esa es una buena pregunta – pero una respuesta es encajarse con anuncios Facebook, porque en esta situación sobre la que sus visitas están dando un clic y entonces aterrizando exactamente donde usted los quiere. Por lo que respecta al número de postes por el día que de a devis confíe quién su audiencia es y lo que quieren.

Eche Al Correo Sus Anuncios del Facebook Durante las Veces Culminantes

Usted puede revisar a su Facebook Analytics o puede utilizar uno de lo después de que los medios de comunicación de tertulia de mercado comercializando herramientas a determinar justamente cuando su actividad culminante tiene verificativo. Sin embargo, usted tiene que recordar que el alcance orgánico sólo se aplica a un porcentaje pequeño de la audiencia. Usted también no completamente debería eliminar fuera del tiempo culminante. Por ejemplo, su centro del poste de noche o el anuncio Facebook, tiene menos entrevista global, pero también tiene menos actividad así es que es bastante más probable para verse.

Allí usted va – estas 3 cosas cuando implementado puede ayudar a mejorar a su Facebook respecto a la campaña y hacerla más exitosa.

Los anuncios Facebook son una herramienta valiosa, pero usted necesita estarlos usando en la manera correcta para asegurar usted no es arrojar fuera su presupuesto mercadotécnico. Las publicidades Facebook son anuncios de despliegue, lo cual quiere decir que no son investigables.

La Locación del #1 Sus Esfuerzos Correctamente

Las personas recalan en Facebook relacionarse con amigos /familia, para no comprar productos /servicios, así es que su propósito con sus anuncios es simplemente crear demandas y no cumplir con esos demands.There son tres parámetros cruciales para su anuncio:

Imagen – 80 % de su salsa del anuncio es determinado por la imagen tan marca seguro que usted le da la investigación necesita.

Encabezamiento – 15 % de su salsa del anuncio está en el encabezamiento.

Cuerpo humano – 5 % de su salsa está en el texto.

El #2 las Imágenes Choose Que es la Alta Calidad

Desde que 80 % de su impacto del anuncio es asociado a su imagen tiene sentido que usted se toma el tiempo para encontrar la imagen correcta para su anuncio y que el anuncio es de la más alta calidad. Intente usar imágenes llamativas, notables que perciben la atención de espectadores. No use imágenes que quedan distantes. Acuérdese de que su decisión Facebook es x de 100 pixeles (el tungsteno) 72 pixcl (t). Así es que haga seguro sus obras de imagen en esa proporción. Si bien es un tamaño pequeño usted necesita asegurarse de que usted esté trabajando con una imagen alta de calidad.

El #3 Know Su Audiencia

Cuando usted conoce a su audiencia usted puede disfrutar de la robustez completa de Facebook apuntarle a las opciones a fin de que usted le pueda apuntar a un grupo específico de espectadores. Usted puede crear a Facebook respecto a las campañas que alcanzan profundamente en su grupo meta. Usted debería tener las respuestas para estas preguntas antes de que usted largue su campaña del anuncio.

¿Dónde vive su prospecto?

¿Qué tan ruco su prospecto?

¿Qué abanica páginas hacen sus prospectos les gustan?

¿Puedo crear mi anuncio así es que él específicamente le apunta a mi demográfico?

¿Qué clase de una oferta libre puedo soler captar pistas?

El #4 Está Seguro Usted está en Blanco

Usted ya estableció a su grupo meta, así es que asegúrese de que usted tarde ventaja completa de esta oportunidad en alcanzar exactamente quién usted el faltante a alcanzar. Cuando usted escoge a su grupo meta, sea precavido que usted lo hace correctamente. Escoja las ' opciones precisas de interés, ' para de a devis relacionarse con esas personas a las que usted le apunta.

Si usted es un negocio que miramiento para la exposición de anuncios utilizadores Facebook Facebook, usted no está solo – esta opción se ha vuelto muy popular. Después de todo, hay alrededor de 1.2 billones de usuarios, hacerle una locación energética para un anuncio

Su Campaña

Un buen número de anunciante ha sido atrapado por ' el Suggested Page ' de Facebook o ' Sugirió Poste ' – ambos sean propuestos en una tasa razonable. El propósito de estos anuncios que eso para alzar le gusta para sus páginas anunciadas, y alza negocio un incremento en audiencia para los postes la marca.

A simple vista, tendría la apariencia de una estrategia que fue digna de continuar – después de todo, parece surtir efecto. Un buen número de negocio ha aumentado sus gustos a través de esta exposición. Cuando a una persona ' le gusta ' un abanico comercial página que la persona verá sus actualizaciones sobre su alimentación de noticias y ellas también podrían compartir esas actitudes con sus amigos, cuál es la forma principal de ganar una audiencia Facebook.

¿Tan Qué es el problema?

Recientemente la Business Persona de Confianza publicó un artículo tan hablado acerca de las quejas haciéndose por un número de dueños de la página Facebook, diciendo que sus anuncios tienen desgarriate creado en sus páginas. Los negocios dicen hasta allí demasiados de sus gustos nuevos están en verdad prontos a ocurrir de ' el clic labra la tierra.' Ésta es una costumbre donde un punto bajo de salarios de compañía le pagó a los operadores para transmitir un número de tareas que son diseñadas para fomentar tráfico para un sitio.

Pero estos dueños de negocio de la página Facebook pagan por tráfico legítimo así es que estas ' granjas de clic ' hacen demasiado sangronadas.

¿Por qué Hay Granjas de Clic?

¿El siguiente paquete viene bien " Por Qué daría un clic sobre chivo de granjas las personas como quienes hacer clic en páginas Facebook?" Hacen esto porque ' los gustos ' ayudan a legitimar un perfil Facebook, y dar la apariencia hay una persona auténtica asociada con el perfil.

Facebook sabe que se hace un problema y ha estado dedicándosese a definir claramente y suprimiendo cuentas falsas del sitio. Hay una estimación que 0.4 % para 1.2 % es gustos Facebook. Sin embargo, cuando 1 % de su base da un clic sobre el botón miles de veces en un día éste crea un paquete auténtico – un paquete choncho.

Cómo Potenciar Su Negocio

Dueños de la página comerciales de una petición de Facebook han hecho debe darles la habilidad para suprimir cuentas falsas a granel. Actualmente usted necesita suprimirlos uno por uno, lo cual es tedioso y tiempo perdido conduciendo a centenares de miles de reseñas falsas aumentándose

También le han pedido a Facebook que elimine acceso para los países que plantean el problema como India, Brasil, Portugal y México entre otros.

Actualmente éste permanece un boleto Facebook para anunciantes. Facebook parece tener mayores preocupaciones que anunciantes expresando su desagrado. Se dice que estos perfiles falsos desestabilizan la renta del anuncio de Facebook por aproximadamente 63 % en simplemente el cuarto menguante.

Una de las áreas más importantes de crear su anuncio Facebook es la elección la imagen. Sus imágenes en verdad pueden hacer o pueden romper su anuncio. Cuando usted escoge a su Facebook respecto a las imágenes usted debería tener a la vista lo siguiente.

A las personas del #1 les gusta dar un clic sobre una imagen de una persona. Una cara acogedora parece invitadora y sabe surte efecto muy bien en Facebook. Esto está aún más cierto cuando la imagen es de una persona con la que las personas están familiarizadas. Por ejemplo, un cuadro del portavoz para su compañía.

A las personas del #2 les gusta dar un clic sobre botones de obra teatral de vídeo. Cada vez que una persona ve una imagen con una obra teatral de vídeo abotonarla, tienden a dar un clic sobre ella. ¡Para anuncios que van a reencauzar para YouTube u otro anfitrión de vídeo, éste es oro puro!

El #3 que Usted nunca quiere para preguntarle una cantidad de preguntas. La mayoría de las veces vale más ser directo. Si usted corre un anuncio que acostumbra las imágenes también no preguntan una pregunta en el texto del anuncio. Si usted pregunta los espectadores de preguntas de más van a pasar por su anuncio

El #4 No Haga de Nuevo idea sus anuncios y pásese de vivo. Sea gracioso, sea ocurrente, pero nunca haga un chiste a menos que usted es positivo que todo el mundo va a comprenderlo

El #5 Siempre la manutención sus anuncios regalados. Recuerde que su anuncio es exactamente 100 x 72 pixeles (WxT). Cuando usted tiene en trozos pequeños imágenes o gráficos, intente minimizar el color. Si usted selecciona la imagen equivocada a menudo se verá confusa y eso le impedirá a los espectadores dar un clic sobre eso

Los anuncios del #6 que usan todas las cachuchas no atraen a espectadores. Lo que es apetitoso es cuando su producto /servicio maneja un paquete /necesidad que el espectador tiene. Cuando ustedes son artículos de publicidad de su tienda teniendo un descuento, como 25 % completamente, no use una imagen. Use un anuncio rebajado en precio para motivar a sus espectadores. Esto también chambea cuando usted regala algo de oquis.

El #7 que Usted necesita para siempre estar encima de sus anuncios Facebook. Tome nota de la mirada de su anuncio. Mire anuncios hechos por expertos de los medios de comunicación sociales profesionales como Melanie Duncan o Amy Porterfield. ¿Su anuncio da la talla? Haga su anuncio parecerse a uno de sus anuncios profesionales.

Sus anuncios Facebook ofrecen una forma costeable a anunciar – de hecho, es una herramienta energética tan marca seguro usted toma ventaja completa de ella

Los anuncios Facebook pueden ser una herramienta energética para aumentar su tráfico dirigido a sectores específicos. Veámonos en 5 formas que usted puede obtener más de su Facebook Ads y de a devis arriba de las recompensas.

El #1 Patrocinó Historias

Si usted tiene una aplicación y usted van a anunciar usar anuncios Facebook, se aseguran de que usted se encaje con Historias Patrocinadas en móvil. Tener estos clics móviles es importante si usted quiere que ellos hagan un download de su aplicación. La investigación de comercio electrónico muestra eso cuando un usuario hace un download de una aplicación de menuderos que generalmente pasan más con ese menudero.

El #2 Do Su Propia Licitación

Asegúrese de que usted no deje a Facebook cotizado para usted. Puede parecer que esa es su única opción cuando usted crea sus anuncios, pero eso es no tan. En la letra pequeña usted puede seleccionar el ' avance poniéndole precio a modelo, ' lo cual regresa el control de nuevo a sus manos dejándole establecer su método del camino crítico o CPC. Su tarjeta de crédito está archivada con permiso para los cargos colocados en eso. ¡Si usted deja a Facebook hacer su licitación a usted pudo estar a punto de experimentar una sacudida grande!

El #3 Engage en la Experimentación Thorough

Pruebe y entonces pruebe algo más. Pruebe ideas diferentes, formas diferentes de apuntarle a su mercado – pruebe dos versiones diferentes de un anuncio – la prueba experimental – la prueba –. Cuando usted está feliz con los resultados usted logra que usted puede hacer eso su elección final. Facebook le provee de un montón de datos que usted puede analizar para ver cómo están desempeñándose sus anuncios.

El uso de la Marca del #4 de FBX

Facebook recientemente ha agregado a FBX, lo cual es un cambio nuevo del anuncio. Esto es una de las mejoras más grandes para hacer publicidad para verse en los años. FBX para la mayor parte maneja como un cambio tradicional con el que los comercializadores están familiarizados, pidiendo cotización en el tiempo real, pero FBX es upping la apuesta inicial. Si usted va a encajarse con FBX usted necesitará tener sus datos y esté listo a chambear con uno de los vendedores del PSD. El costo va a poner su mucho más eficiente.

La chamba del #5 Alrededor de FBX Shortcomings

La queja más grande es que Facebook no provee los datos, pero eso no quiere decir que usted altamente no le haya apuntado a los anuncios. Usted sólo necesita aprender las soluciones de FBX y usted sacará más de sus anuncios Facebook que alguna vez antes.

Una de las cosas cruciales cualquier anunciante utilizando a Facebook que los anuncios deben hacer es marca seguro que sus anuncios corre lo mejor que corren. Con demasiada frecuencia los anunciantes emprenden a un Facebook respecto a la campaña, prestan poca atención y entonces son conmocionados, decepcionados, aun emputado cuando ven que gastan $200 y los resultados fueron mínimos. Instantáneamente Facebook es culpado, pero la realidad es que usted crea sus anuncios, usted define la entrevista dirigida a sectores específicos que verá esos anuncios, y le es decisión de usted hacer seguro sus anuncios proveer los resultados a usted faltante. ¡Esto es por qué usted debería dividir prueba sus anuncios Facebook todo el tiempo! Los comercializadores sobresalientes de la muesca saben que la función es el resultado de experimentar experimentando experimentando.

Proyectémosle va a poner un anuncio. Usted necesita incluir una imagen sobre eso respecto a atraer la atención del espectador. Cómo sabrá usted cuál la imagen dibujará el más alto clic dirigido a sectores específicos tarifa combinada de envío. Usted determinará esto con experimentación de la hendidura. Siempre sólo cambie en un componente de su anuncio a la vez a fin de que usted pueda rastrear y pueda asemejarse exactamente. Primero, usted podría cambiar su imagen, en ese entonces usted podría cambiar algo en la redacción de su texto, o usted podría cambiar colores. Cualquier cosa que usted hace siempre sólo haga cambiar a un soltero a la vez.

Hay en verdad un número limitado de cosas que ustedes puede cambiar, sino aquí son los cuatro grupos principales que usted siempre debería probar sus anuncios en contra.

Respecto a la Imagen – Demore en probar imágenes diversas para encontrar la imagen que actúa mejor. Algunas veces es sobre la imagen misma. Algunas veces es sobre los colores. Algunas veces es sobre el tamaño. Usted entiende la idea. Por ejemplo, usted podría encontrarse con que las hembras se originan mejor de imágenes que son rosadas o eso contiene un chinguero de rosado.

¿Respecto a Copia – Qué dice su mensaje? Cambie la redacción de la copia. Cambie lo que usted pide. Por ejemplo, pidiéndole al espectador hacer clic ' como ' obras bastante bien.

El interés Se Agrupa – Usted le apunta a sus grupos de interés cuando usted crea sus anuncios. Éstas son las personas acerca de las que son propensas a ser más apasionadas lo que es usted tiene que ofrecer. Es caro apuntarle a esas personas que no son su grupo de interés. Así es que asegúrese de que usted gaste algún tiempo con prueba y error aquí.

Características demográficas – Entre su interés los grupos son las características demográficas de ese grupo. Pruebe dividir su grupo más allá en la edad, género, etcétera. y entonces pruebe sus anuncios. Mientras mejor usted hace esto mejor sus anuncios deberían realizar.

Divida examen sus anuncios Facebook para hacer seguro usted se pone la mayor parte de su Facebook respecto a la campaña.

Cuando usted primero le echa a andar a su Facebook respecto a la campaña un chisme usted se fijará es que la función tiende a perder calidad con el tiempo. Eso es porque el costo aumenta incrementalmente para alcanzar a cada subsiguiente usuario Facebook. En otras palabras, Las personas iniciales que dan un clic sobre su anuncio Facebook tienden generalmente ser lo más receptivo para anuncios. Una vez que usted pasa la primera ola de personas el costo de alcanzar el siguiente grupo aumenta.

Como consecuencia, usted necesita andar sobres con su tarifa combinada de envío diaria (CTR) de clic. Usted necesita observar cómo actúa su CTR durante un período de tiempo. Si usted comienza a ver una disminución usted podría querer considerar ya sea cambiar de decisión arriba de su anuncio o apuntarle a un grupo diferente. En algún punto, todo sus anuncios perderán su efectividad. Si usted no anda sobres con su Facebook respecto a la campaña regularmente en ese entonces usted se encontrará con que usted desperdicia un montón de chavo. Sólo disculpan para no andar sobres con es usted es huevón o muerto.

Usted también debería probar su función de anuncios a las veces diversas. Usted probablemente se encontrará con que durante partes diferentes del día su anuncio funciona mejor que durante otras veces en el día. Usted no puede escoger cuál tiempo de día su anuncio corre; De cualquier forma que usted puede manualmente revolver sus anuncios de vez en cuando, a fin de que usted pueda hacer seguro sus anuncios correr a las veces óptimas. Eventualmente, es esperado esa voluntad Facebook respecto a esta clase de control, pero ahora mismo ningún anunciante tiene ese control.

A muchos anunciantes Facebook les gusta el costo por el modelo del abanico, porque Facebook provee a todos los administrativos de la página de un canal excelente de compromiso. Mientras el correo electrónico es reconocido como un de los canales sobresalientes de mercadeo, Facebook también se desenvuelve. Esa es porque la calidad del contenido adelante

Facebook es recompartido por muchos usuarios. Esto traduce para un incremento en su base del abanico y la posibilidad de su contenido volviéndose viral en Facebook. Hay sitios de muchos correos electrónicos de mercadotécnico como MailChimp que se ven como una forma hacer mercadeo por correo electrónico más sociales, la realidad es que las páginas Facebook continúan siendo sobresalientes comercializando canal.

Por consiguiente, invirtiendo dinero en Facebook haciendo publicidad usando un costo por la base del abanico es una idea superinteligente porque una vez que usted obtiene un abanico usted puede continuar contratándolos a través de su pienso. Cuando usted corre costo por las campañas del abanico en combinación con correr método del camino crítico basó anuncios usted de a devis puede optimizar sus anuncios sobre un costo por el modelo de acción.

El anunciar Facebook es una gran forma para cultivar a su negocio cuando usted sabe cómo correr una campaña bien fundada del anuncio.

Usar anuncios Facebook para promover su negocio puede tener un positivo rendimiento de la inversión cuando se hace correctamente. Sin embargo, demasiadas veces, irrelevantes, de mala calidad, la oportunidad del momento mala, y anuncios pobremente dirigidos a sectores específicos son corrió y esto a menudo conduce a un desperdicio de comercializar dólares.

Si su intento es generar más tráfico entonces usted debería darse cuenta de su tasa CPC sobre su campaña. Siga leyendo para averiguar cómo puede tener usted más clics en sus anuncios Facebook.

El blanco del #1 su audiencia – es importante que usted le apunte a una audiencia pertinente. Ahora esto podría sonar como al sentido común, pero es uno de los pasos más comúnmente perdidos Cuando usted le apunta a su audiencia que usted aumentará su tarifa combinada de envío de clic.

El #2 Create más que un anuncio – es una buena idea tener más que un anuncio. Esto le deja hacer a la medida su mensaje y eso le deja experimentar sobre su acercamiento para encontrar el anuncio que chambea el mejor y tiene el clic de más alto a través de la tasa. Usted puede correr más que un anuncio y puede obtener una idea en un plazo de algunos días que el anuncio hace las cosas mejor.

El #3 Replace la imagen predeterminada – Facebook arrancará una imagen de su enlace y destinará esa imagen como el default visual para su anuncio. Usted lo debería quitar y debería tele-enviar su imagen. El tamaño recomendable es 600x 315 pixeles. Es importante clasificar según el tamaño la imagen de otra manera no va a verse bien.

Si usted diseña su imagen no le haga a ella demasiado pesado con texto. Acuérdese de que Facebook sólo aprobará una imagen que tiene texto de más que 20 por ciento. Una imagen que es brillante y se hace notar es una buena elección. Procure evitar azul o blanco como estos colores no sobresalgan y finalmente, hagan seguro a sus espectadores pueden percibir lo que su producto / servicio es

El uso del #4 una llamada canija a la acción – Usted debería usar una llamada para poner en marcha furúnculo en su anuncio. ¡Vale la pena! Los individuos son bastante más probable para dar un clic sobre un anuncio que está claramente mostrándolos qué hacer después.

La jalada del #5 el tapón si la necesidad surgiera – Si su campaña tiene también a gran altura de un CPC para hacer cualquier chavo, en ese entonces usted no debería dudar en terminar la campaña. Usted debería crear una campaña nueva y debería ver cómo aquél hace. Es bueno evaluar sus campañas sobre una base en curso.

Hay todas las clases de anuncios Facebook corriendo. Algunos de estos anuncios son excelentes y algunos simplemente están reduciendo drásticamente la cuenta corriente de la persona corriéndolos. Es importante darse cuenta de que Facebook respecto a las campañas completamente antes de que usted se aventure en ellos. Lo hacen relativamente regalado para sólo hacer clic y cargar, pero la realidad es usted podría desperdiciar un lanón si usted no sabe lo que usted está desempeñándose. Aquí hay 4 consejos para ayudarle a tener éxito con su Facebook haciendo publicidad. ¡Por supuesto, hay lo suficiente de otros!

El #1 que Usted Necesita para definir el Propósito Principal de Su Facebook Ad Campaign

¿Qué usted está tratando de hacer, tener usuarios se familiariza con una marca, genera gustos, crea ventas? Lo que usted está haciendo define cómo corre usted sus anuncios. Por ejemplo, si usted quiere generar ventas el costo por anunciar clics es probablemente su mejor opción, pero si usted quiere crear reconocimiento de marca entonces el costo por anunciar impresiones es probable su mejor opción.

El Uso del #2 el Pozo del Anuncio del Espacio

Usted está permitido 25 personajes para su título, 135 personajes para su cuerpo humano y una imagen. Esto quiere decir que usted va a necesitar escribir texto del anuncio embarrado. ¡Tómese el tiempo – la edición, la edición, y la edición más!

El Monitor del #3 la Función de Sus Anuncios

El ciento y la madre los levanta sus anuncios y entonces nunca los mira otra vez, simplemente pagando su cuenta y siguiendo adelante. El problema está si su anuncio no funciona en fin usted va a desperdiciar su presupuesto mercadotécnico. Un mejor acercamiento es utilizar a Facebook Ads Manager y Facebook Reports. Estas dos herramientas le pueden decir cuántos individuos han mirado sus anuncios, cómo muchos han dado un clic sobre sus anuncios, su clic a través de la tasa, y más. Esta información es demasiado de valor ayudando usted decisiones de la marca acerca de las cuales los anuncios para correr, cuando corrida a ellas y un montón de otra dirección de mercadeo, así otro uso de la marca de ella

#4 Facebook Advertising Blog

¡ Especulo que usted nunca ha escuchado acerca del blog publicitario Facebook (http://facebookadtactics.com /) - usted ciertamente no está solo! Tome una visita por allí, porque está apiñada con todo lujo de propina y tranzar para aprovechar al máximo sus anuncios Facebook. Hay aun un video que camina usted a través del proceso de plan paso a paso.

Estos 4 consejos son una gran locación para largar para usted comenzar a tener al exitoso Facebook respecto a las campañas. Por qué no respecto a ellos para las cosas que usted ya utiliza y aumenta su poder del anuncio que dos pliegan.

" La primera cosa que usted necesita decidir cuándo finca usted su blog es lo que usted quiere lograr con eso, y lo que puede hacer si exitoso."

—

No importa qué papel usted juegue en el mundo ancho de negocio comercializando – de pequeño dueño de negocio para el interno publicitario de secretaría – es probable que usted se dé cuenta del concepto de escribir y mantener un blog comercial. La internet está cubierta de bloges escritos por todos los tipos de gente; La mamá de stay-athome esperando compartirle a ella diariamente experimenta, el estudiante de la película llevando su diario personal en la Internet sus muy asignaciones directas y sus que hacen documental, el director general comercial buscando una forma para relacionarse con sus clientes. Llevar su diario personal en la Internet es una tendencia que está aparentemente destinada a perdurar, y eso puede beneficiar su negocio de muchas formas cuando es ejecutado correctamente.

¿Por qué echar a andar un blog comercial? La respuesta breve para esta pregunta es que un wellwritten, interesándole blog puede ser una plataforma simple, regalada con la cual usted puede relacionarse con sus clientes y puede compartir información con el público. ¡Los estudios demuestran que los negocios que mantienen bloges típicamente experimentan un chingadazo en las ventas y traen a clientes nuevos que de otra manera no habrían sabido de la compañía!

¡Un blog le da a su compañía una voz! A través de postes del blog, usted puede hablar sin cortapisas con sus clientes acerca de productos nuevos, servicios que usted ofrece, las tendencias en su industria y otra información relacionado con la comunidad, el conjunto de lectores y el marchante basan que usted presta servicio. Adicionalmente, un blog bien escrito le da chance a para ser mirado como un experto su campo, genera tráfico para su sitio Web comercial, y le provee de una oportunidad para hacer un sentido de conexión y la comunidad de sus clientes.

¡En lo que se refiere a las formas eficientes, regaladas para compartir información con sus clientes, un blog es, le da abajo, la mejor forma para mantener una conversación activa con existir y los clientes potenciales del mismo modo! El blog de su compañía está por ahí lejos su forma más poderosa para compartir su voz y presencia en línea con lectores – haciéndole una fuente de información y contenido escrito confían y dependen en pues las necesidades se relacionaron con su industria específica.

La llave para contenido grande productor para sus lectores debe proveer a wellplanned, postes cabales reporteando una variedad ancha de tipos contentos. Considere opciones como artículos de procedimientos, reportajes específicos de la industria, historias de experiencias específicas de clientes con su producto o los servicios, y las pedazos de opinión que promueven comentario de sus clientes. ¡En capítulo tres, excavaremos en el suelo más allá en los tipos de contenido del blog, y los consejos para postes estelares productores del blog que van de seguro a acaparar a sus lectores y los clientes!

Al considerar de todos modos para echar a andar un blog de compañía, los negocios a menudo se preguntan quién leerá el material que producen, y cómo beneficiará sus ventas. ¡Además de establecer contacto con su base actual del marchante, los negocios típicamente se encuentran con que los lectores del otro lado del mundo miran su contenido, y a su vez hacen una visita su sitio Web y aun ordenamiento sus productos! El meollo del asunto es, producir postes del blog de calidad que son específicos para su industria y apropiadamente denso en contenido al que se apuntó en palabra clave está una forma acelerada, coherente para traer a los lectores nuevos a su blog, y convertir esos lectores en clientes repetidos.

A través de los demás capítulos de este libro electrónico, reportearemos consejos y trucos que le ayudarán a desarrollar una comprensión cabal de blog desempeñándose como maestro de ceremonias, contenido escribiendo, sitio promoviendo y la Optimización para Buscadores, dejándole en condición de comenzar a publicando un blog comercial que tiene atención dinámica. ¡Estos experimentaron, intentaron y métodos ciertos de llevar su diario personal en la Internet hacen negocios ayudados lograr sus metas de desarrollo del blog por años, y están ahora disponibles a usted a través de las páginas de este libro electrónico!

Como usted se mueve a través de los consejos en este libro electrónico, demore en hacer notas y poner por escrito pensamientos que son específicos para su llevando su diario personal en la Internet metas. ¡Sacar apuntes como usted lee es una gran forma para hacer la información compartido aquí trabaja para usted, dejando usted con un enlistado de estrategias y las ideas hizo a la medida simplemente para usted y su blog comercial cuando usted ha terminado!

" Llevar su diario personal en la Internet sólo es escribir – escribiendo usando un en particular tipo eficiente de publicar tecnología."

–

Una vez que usted ha decidido que a usted le gustaría empezar un blog para su negocio, el primer paso para llevar su diario personal en la Internet salsa es escoger el sitio que patrocina que usted usará para publicar su blog. Un blog patrocinando sitio Web provee el URL de su blog (la dirección del sitio Web,) le deja escoger un tema para su página de trama, y finalmente se convierte en la interfaz a través de la cual usted publicará el contenido de su blog comercial día tras día. Hay muchos sitios, pero por el bien del tiempo que sólo reportearemos uno pocos de los " gueyes grandes " de llevar su diario personal en la Internet, enfocarnos en esos que es fácil de acostumbrar, libre de cargo y más popular dentro el mundo que lleva su diario personal en la Internet DUMMY que es el anfitrión de blog.

El blogger es una interfaz que es el anfitrión de blog poseída por Google. Este servicio editorial ha estado por ahí para prácticamente como por mucho tiempo como la internet, y por su longevidad y el poder de su casa matriz, es uno de los sitios más usados y de confianza que patrocina alrededor. El blogger provee interfaces del blog que están regaladas para establecerse, hacer a la medida y usar, y también hace monetización (ganando dinero a través de anuncios colocados en su blog) regalada a través del uso de Google AdSense. Haga búsquedas en la Internet usando Google ha estado activamente en marcha para mejorar Optimización para Buscadores (la SEO) de bloges corridos por blogger, y crece el enlistado de temas y plugins disponibles para sus bloggeres medianamente consistentemente.

Aunque una de la publicación más complicada sitúa, Wordpress es chuleado por sus usuarios para ser versátil, regalado para hacer a la medida, y excelente en el área de Optimización para Buscadores. Se cree comúnmente que Wordpress requiera que un poco más de estudio y habilidad amaestren, especialmente considerando tan un chinguero de las capacidades de adecuación requieren que usuarios traveseen código de HTML. Como Blogger, Wordpress tiene longevidad en su lado, siendo justamente un poco sobre una década ruca. Escoger un blog Wordpress puede significar comprometerse a otro poquito de tiempo para aprender y revisar manuales de instrucción – definitivamente algo a tomar en consideración si usted es nuevo para llevar su diario personal en la Internet enteramente.

¡Tumblr es una interfaz del blog medianamente nueva que fue recientemente adquirida por Provinciano!. El sitio es más de un "micro-blog" plataforma, queriendo decir foco de usuarios sobre el cortocircuito, los postes sucintos hicieron de copia de vídeo, chaparra, infographics, imágenes, cuadros y otras formas de medios de comunicación. Los usuarios dentro de la comunidad Tumblr son muy recíprocos - haciendo comentarios, estando conectado y acoplándose de regreso a postes de otros bloggeres a menudo. Los bloggeres que mantienen un blog Tumblr deberían encontrarse a gusto hablando y contratando con sus clientes, anunciando en carteles contenido visual y compartiendo las veces rápidas de múltiplo de actualizaciones al día.

Asegúrese de que su sitio anfitrión tiene bastante espacio de trama para mantener su llevando su diario personal en la Internet necesidades. Considere que el número de cuadros que usted usará en su blog, así como también cada cuánto usted echará al correo archivos en buen estado, videoclips, imágenes animadas, etcétera. Además de hacer seguro su blog no tarda en cargar al principio, esta propina es también importante a fin de que hay espacio para expandirse como su blog comience a crecer con el paso del tiempo.

Del mismo estilo, vaya de seguro a checar limitaciones del archivo de tamaño y de tipo. Tenga la seguridad de que sus necesidades sean inconspicuas poniendo seguras que usted puede tele-enviar los tipos de archivos que ustedes quiere (o sea gif, jpeg, pdf) y que allí son límites razonables sobre los tamaños de los archivos usted es permitido para tele-enviar para su blog.

Pase el tiempo leyendo las revisiones de otros bloggeres. Explore qué otros escritores del blog en campos similares tienen que decir acerca de los anfitriones del blog que usted considera.

Con la cantidad grande de sitios que son los anfitriones de blog gratis que son ampliamente usado que el hoy, los sitios pagados como SquareSpace o Typepad salgan más probablemente sobrando para su llevando su diario personal en la Internet necesidades. Evite comprometerse a patrocinar sitios que cargan a la cuenta un cargo mensual a menos que usted está absolutamente seguro aquéllas de las alternativas gratis no trabajarán para su negocio.

La toma un momento a mirádale cómo manejados dentro de blog el que son boletos de servicio al cliente es el anfitrión de compañía usted es

Considerando. ¿Están disponibles los representantes para responder preguntas o ayudar con problemas que se levantan? ¿Durante qué a horas le son el servicio al cliente provisto? ¿Cómo duda de volada la ménsula de servicio y le concierne?

¡Escogiendo una plataforma a través de la cual para patrocinar su blog no es sólo el primer paso durante el proceso para echar a andar un blog atinado para su negocio – es también lo más importante! Sin un sitio que es el anfitrión de blog que usted siente cómodo acostumbrando y es confiado se responsabilizarán por sus necesidades en ambos lo de término corto y largo, usted se encontrará frustrado y dispuesto a rendirse sobre llevar su diario personal en la Internet temprano en su aventura que le escribe a blog.

¡Siguiendo un consejo en este capítulo y haciéndole a un poco de investigación para estar seguro que su sitio que es el anfitrión de blog se responsabiliza por sus necesidades, usted finca una fundación firme para su blog comercial que está seguro para el arranque su llevar su diario personal en la Internet aventura y le pone en movimiento adelante para echar al correo contenido bien planeado, interesante en un decir amén!

"Donde la internet es sobre disponibilidad de información, llevar su diario personal en la Internet está cerca haciendo disponible creación de información a alguien."

—

¡Una vez que usted ha establecido su blog comercial en un sitio que es el anfitrión de blog como Blogger, Wordpress o Tumblr, es hora para la parte excitante – publicando el contenido de su blog! En términos sencillos, el contenido del blog es las palabras escritas que usted publica en su blog, o su blog "los postes." Copyblogger.com toma esta explicación regalada más allá barajando que mercadeo contento es " creando y participativo contenido valioso, gratis a atraer y convertir prospectos en clientes, y clientes en repiten compradores."

El contenido en un blog comercial siempre debería de cerca estar relacionado con los productos o servicios ofrecidos por su negocio. Enfocando la atención en su industria y experiencia, usted personas de pista para considerarle a un experto en su campo, dejándolos creerse de usted lo suficiente como para negociar con usted. Tenga la seguridad de que sus postes del blog contengan historias, imágenes, artículos, videos y otro material que directamente corresponden con el tipo de negocio que usted promueve. Por ejemplo, el blog de una compañía de climatización contendría postes acerca de los consejos para mantener su climatización el sistema, videograbaría segmentos de aproximadamente cómo reemplazar filtros de aire, infographs acerca de las olas de calor sin precedente, u otra información relacionada.

¡Con una comprensión básica que de lo que el contenido es y cómo usar contenido del industryfocused en su blog para establecer su negocio como una fuente informativa confiable, profesional, nosotros ahora podemos movernos hacia adelante con consejos y trucos para escribir sobresaliendo, interesándole contenido del blog!

Una vez que usted ha escogido un tema para su blog poste, su primer paso debería deber sentarse para investigar y hacer notas musicales acerca del caso en cuestión. Defina claramente subtemas específicos que a usted le gustaría ocuparse de dentro del poste, dibuje medios visuales como mapas de idea y la aportación masiva de ideas hace un mapa de organizar sus pensamientos, y tomar bastante tiempo para cheque de hecho e investigar boletos con los que usted no puede completamente estar familiarizado. Demorar en diseñar su poste en escrito antes de que sus dedos alguna vez golpeen el teclado es una forma segura para desarrollar contenido sucinto, preciso, bien planeado.

Dele un chinguero de pensamiento al título de cada poste. Enfoque la atención en simple, los titulares a propósito que resumirán el contenido contuvieron en su poste y capte la atención del lector. Los títulos del poste del blog son la primera cosa vista cuando su blog aparece en un pienso RSS o sube en un enlistado de resultados del motor de búsqueda. ¡Manténgalo regalado, hágalo interesante y resumir el poste entero en una frase si es posible!

Considere formas contagiosas, interesantes para abrir sus postes. Las líneas abridoras de un poste del blog son lo que un lector suele determinar ya sea mantenerse leyendo, o siguen adelante para la siguiente fuente informativa. Enfoque la atención en calidad escribiendo eso es la atención llegando y la atención manteniéndose.

Desde que muchos lectores del blog son escáneres de los postes encuentran, trazan un mapa de fuera de su poste con subtitulares y que bala apunta donde sea pertinente. Subheadlines guíe aun el lector del blog rápido que escudriña a través de su contenido resumiendo los temas de cada sección del poste con un encabezamiento chaparro, sucinto, típicamente escrito en remarcado carácter de imprenta simplemente arriba de la sección a la que ellos le competen

Un buen poste del blog casi siempre termina con una llamada para la acción para sus lectores. Piense acerca de lo que a usted le gustarían que sus lectores hagan una vez que han leído su contenido. ¿Visite su sitio Web? ¿Únasele al debate haciendo comentarios sobre su poste? ¿Contrate para su enlistado comercial del correo electrónico? Siempre ofrézcalos a los lectores un curso de la acción que puede pasar por resultado directo de haber leído su contenido.

. Una vez que usted ha maquilado su poste del blog, vaya

de seguro a releer el contenido y sumar profundidad adicional dónde posible. A menudo, después de poner por escrito todo sus pensamientos en un poste, usted encontrará áreas donde usted podría ser aclarador o podría ofrecer más allá información. Una buena regla

¡De pulgar en lo que se refiere a tejer contenido debe rezar, releer y entonces leer otra vez! Antes de hacer clic "publique" y enviando su poste vivo, asegúrese de que usted completamente haya revisado el contenido que usted está a punto de soltar.

Mientras usted relee su poste en busca de áreas donde usted puede estar más seguro o puede explicar en detalle sus palabras, sea conocedor de su gramática, la ortografía y el atildamiento. Haga a cada uno leer de cabo a rabo de su poste un tiempo de corregir pruebas, buscando errores en deletrear, la gramática, el atildamiento, formatear y espaciar.

Al planificar su poste, se da cuenta qué paquete usted piensa dirigirle la palabra en su escritura, y de qué soluciones usted sugerirá para sus lectores. ¿Escribiendo un poste acerca de ideas del regalo de Navidad de último momento? ¡Marchantes que dejan para más tarde oferta una invitación a ir de compras su sitio Web y recibir facilitó enviarse! ¿Intercambiar opiniones propina pues mamás ocupadas que quieren agallandarse sus casas organizaron? ¡Propóngale proyectistas bajables desde disco del menú y las listas de compras para iniciarles con el camino para la organización!

Esté al tanto de quién usted le apunta a con sus postes del blog. ¡Identifique a sus clientes por la edad, el género, la etapa de la vida, ocupación – cualquier cosa que los descriptores le apliquen! Una vez que usted se compenetra de quién usted escribe para, usted puede ajustar su voz y estilo para mejor establecer contacto con su base dirigida a sectores específicos del lector.

¡La cosa más importante a recordar acerca de contenido compositor del blog es disfrutar de usted mismo y tener diversión! Los postes del blog son una forma de expresión y pueden ser un contacto chido para su creatividad. ¡Cuente con su viaje como usted experimenta con técnicas diferentes y el poste escribe y la figura fuera de lo que chambea y no chambea pues su blog comercial específico!

Cree un calendario de postes del blog, demorar en planificar al detalle al menos una semana anticipada que anuncia en carteles funcionará con su blog cada día. Tener una dirección y tirada evidente aproximadamente donde su blog es dirigido cada semana le puede mantener en pista y ayuda usted produce a wellplanned, interesándole contenido consistentemente.

Del mismo estilo, mire directamente a las características de scheduleahead-post ofrecidas por su patrocinando plataforma. Muchos bloggeres exitosos componen todo sus postes por la semana al principio de la semana, y los programan para anunciar en carteles cada día en la orden consecutiva. ¡Encajarse con esta característica le puede ayudar a acordarse de que para anunciar en carteles diariamente, contenido coherente del que sus lectores vendrán a depender!

Escribir contenido del blog es una tarea para la cual usted le debería aplicar lo más alto de estándares. Al echar al correo contenido para su blog comercial, usted pone sus habilidades de la escritura y su estilo en exhibición para el mundo entero a ver. ¡La internet es fácilmente accesible a los lectores y los consumidores en todo el mundo, hacerle imperativo que usted se enorgullece del contenido que usted produce!

¡Los consejos esbozados en este capítulo proveen un mapa cabal de cómo desarrollar contenido bien escrito, de las fases iniciales de planificación a través del tiempo usted publica un poste electrizado en su blog! Como usted comienza a componer y publicar contenido, las visitas para su blog aumentarán, y usted comenzará a desear promueve su blog comercial y genera a más lectores. ¡En el siguiente capítulo, ahondaremos en tráfico del blog – lo que quiere decir, cómo generarlo, y cuando para ponerse creativo para traer a lectores nuevos!

" Lo que usted hace después de que usted crea su contenido es qué verdaderamente cuenta."

–

Si el contenido es el " cuerpo humano " de blog, el tráfico para el blog - se puede considerar - es la " jamaica, " bombeando y atravesando corriendo la publicación y reciclando a los lectores a través del contenido sobre una base coherente. Hay más formas para generar tráfico para su blog de negocio antes que ser contados – de promover su sitio a través de plataformas de los medios de comunicación sociales para fuera de la Internet comercializar y haciendo publicidad y más allá.

El meollo del asunto es éste – los más lectores que usted logra jalar a través de su blog, el más zumbido que su blog genera. Los más lectores que van zumbando por su blog contentan, los más otros lectores sabrán de su blog y querrán hacer una comprobación. ¡Los más lectores que usted adquiere – los más clientes que usted gana!

El tráfico del blog es importante y es extremadamente importante para la salsa de su blog. Hay consejos y trucos que son considerados seres formas tradicionales de fomentar tráfico, y esos que son más poco convencionales y creativos. Debajo de examinará ambos tipos de métodos para generar tráfico. ¡Con lo escoja unos cuantos entre cada categoría comenzar, y como su conjunto de lectores continúa creciendo, refiriendo de regreso a este enlistado y sumando a los otros!

Es un hecho regalado que los lectores no perderán su tiempo en a contenido que le es pobremente escrito, poco interesante o excesivamente poco conciso.

Los expertos dicen que un blog atinado está hecho de 90 contenido del % y 10 % todo lo demás. Cuando usted escribe, hágalo bien.

Use el nombre de su blog constantemente. En postes de los medios de comunicación sociales, adelante los documentos escritos, en mensaje aborda debates – dondequiera que usted pueda. Las más personas ven el nombre de su blog, lo más fácilmente vendrá a la mente cuando buscan información específicamente relacionado para su campo de negocio.

Es importante ser conciso en todas las formas de redacción de texto con contenido y la promoción del blog. Los cargos poco concisos a Overly – en foros de la internet, en sitios de los medios de comunicación sociales, o en su blog mismo – de volada aburren a los lectores y causarán que ellos dejen de regresar a su sitio, así disminuir tráfico.

Destruya sus postes del blog con una pregunta. Invite a los lectores a contar sobre una experiencia personal. Mantenga certámenes y palabras delatoras en su blog que requiere que usuarios utilicen la forma de comentario. Ponga a sus lectores a hablar, contráteles con ellos, y obsérveles regresar repetidamente.

¡Sea interesante! Los postes ocurrentes, curiosos, sensatos del blog son llave para ganar a conjunto de lectores y para mantener a los lectores existentes interesados.

Tenga una opinión bien fundada acerca de los boletos concirniéndole su campo de negocio y persevere. No sólo los lectores respetan consistencia, pero oírle decir sus opiniones firmemente le establece como un experto en su industria.

¡Si un lector demora en enviarle un email – responda! Contestar una pregunta pequeña u originarse de una queja puede tener la apariencia de una tarea trivial, pero lo más usted se origina de las necesidades de su conjunto de lectores, lo más usted la constitución su reputación como un miembro de confianza de su campo de experticia.

Cuando un tema que usted ha anunciado en carteles acerca de previamente surge en un poste usted escribe actualmente, vaya de seguro a acoplarse de regreso al poste previo. Permitiendo a los lectores el acceso regalado para después de postes les alienta a ciclarse de regreso a través de partes previamente no visitadas de su blog, causándolos para aprender más acerca de usted y su compañía.

La Optimización para Buscadores (la SEO) es un método de colocar palabras claves específicas dentro de contenido del blog, en las esperanzas de causar su blog para aparecer más seguido en los resultados del motor de búsqueda. Mientras la SEO tiene su tiempo y locación, cuídese de no listar palabras claves de más o dar la apariencia de estar como de correo electrónico masivo no solicitado en su escritura. Deje SEO fluir con naturalidad dentro de sus postes, de otra manera usted se arriesga a chingar y eventualmente perder a los lectores.

Liste la dirección de trama de su blog en materiales comerciales impresos tan

Folletos, tarjetas de presentación y aviadores. También considere echar al correo publicidades para su blog comercial en locaciones como pizarrones de la comunidad de la cafetería o los tableros de anuncios de la abarrotería, especialmente si su negocio son más en los que se enfocó la atención servir su área local.

El vistazo la trama para foros de debate relacionado con su campo de experticia. Participe de debates del foro, yendo de seguro a ponerle notas a un enlace para su blog dentro de su poste. ¡De modo semejante, considere que a los sitios Webes basados en respuestas les guste el Provinciano! Las respuestas como una forma para promover su blog. Estos tipos de sitios le dejan contestar preguntas preguntadas por otros usuarios que buscan información acerca de su campo. Además de ayudar a alguien a contestar una pregunta que tienen, usted tendrá chance de promover su blog listando el URL dentro de su respuesta.

Similar para el anteriormente citado consejo – vaya de seguro a dejar su URL del blog cada vez que usted hace comentarios sobre un poste en otro blog. ¡Lo más usted pone la dirección de trama de su blog allí afuera, los más lectores casuales darán un clic sobre sobre su URL y dirigirán su camino!

Salga a buscar causas y acontecimientos locales en su área local y ofrezca patrocinio o soporte en nombre de su blog. Esos que se acomeden o soportan una causa financieramente a menudo reciben mención pública para sus esfuerzos, trayendo más atención para su blog comercial.

Si su negocio tiene una cuenta Instagram, vaya de seguro a echar al correo una foto de cada poste del blog como una imagen Instagram, incluyendo un enlace al poste en la descripción de la foto. Por ejemplo, si una foto de un acontecimiento de aprovisionamiento su negocio acaba de manejar es incluido en un poste del blog, eche al correo la misma foto como un Instagram con un encabezamiento que lee, " Nuestro equipo agasajó un acontecimiento para 500 líderes comunales locales este fin de semana, " e incluya un enlace rectilíneo al poste del blog.

Considere a Vine, una adición medianamente nueva para el paisaje de los medios de comunicación social, como una forma de promover su blog. Vine deja a los usuarios crear y echar al correo videoclips chaparros en una moda innovadora, extraña que tiene un titipuchal de atención. Ponga juntos un clip chaparro promoviendo su poste del blog, e incluya un enlace al poste asimismo descrito anteriormente citado.

Otro sitio sumamente de los medios de comunicación social popular, Pinterest permite el uso compartido de ideas a través de pizarrones y las imágenes. Considere echar a andar una cuenta solamente para su blog, entonces cree un enlace " abrochado " para cada poste que usted publica.

Las posibilidades para promover su blog y el tráfico creciente del blog parecen verdaderamente no tener fin. ¡Si usted lo puede imaginar – hágalo! El vasto paisaje de mensaje de la internet se embarca, sociales plataformas de los medios de comunicación y otras presencias en línea verdaderamente se hacen accesibles más puertas que una pueden contar en lo que se refiere a los métodos para el tráfico productor del blog.

¡Una vez que usted ha establecido a un conjunto de lectores bajo a través de contenido wellplanned bien escrito, y ha comenzado a aumentar el tráfico a su blog con los consejos promocionales cubiertos de este capítulo, usted estará listo a correr reportes de analytics en su blog! ¡Como usted aprenderá en el siguiente capítulo, los reportes analytics son una herramienta energética que la ayuda que usted aprende mucho acerca de su blog, sus lectores y su presencia en la internet!

" No enfoque la atención en tener un gran blog. Enfoque la atención en producir un blog es grandioso para sus lectores."

—

Un gran metro para qué tan sano usted está desempeñándose componiendo interesarle contenido del blog y generar tráfico para su blog es la ciencia de analytics medidores del blog. Analytics son reportes, generados por programas como Google Analytics o Stat Tracker, eso le da un dueño del blog un vislumbre concreto en la forma en la cual su blog está siendo utilizado por su conjunto de lectores. Estos reportes pueden medir el crecimiento de su blog sobre un período especificado de tiempo, pista que los sitios más frecuentemente refieren a los lectores a su blog, pueden determinar los tipos más populares de contenido que usted produce, y bastante más.

Los reportes básicos de analytics rastrean a las visitas únicas, paginan paisajes, hacen rebotar tasa, tiempo transcurrido en su sitio del blog y varios otros valiosos trozos de información. Debajo hay una anomalía de los tipos básicos de reportes de analytics disponibles, y cómo le pueden ayudar a comprender ambos su blog mismo, y los lectores que le atraviesan, un poco mejor.

Un reporte de visitas únicas le muestra cuántas visitas únicas, individuales atraviesan su blog. Si su blog fuese una cafetería ocupada, este reporte revelaría cuántos clientes individuales visitaron su tienda, no cuántos los clientes regresaron dos veces en los veinticuatro horas para un recambio.

Page que la función de reportes de vista el número de por su blog ha sido mirada durante un específico período de tiempo. Este número incluye a las visitas nuevas y los lectores restituidores del mismo modo.

El reporte de visitas indica cada vez que cada lector ha sido para el sitio Web de su blog. Esto incluye al lector nuevo que encontró su blog en un mensaje junta y la separata de tres por un lector regresaron a su blog para referirse a un solo poste.

La tasa de rebote de su blog se refiere cuántos lectores comienzan en su página del blog y entonces hacen clic completamente para un sitio Web diferente, versus cuántos lectores comienzan en un poste del blog y continúan dando un clic sobre páginas dentro de su sitio. Una tasa baja de rebote señala que las personas disfrutan de su contenido y están por ahí para leer varios postes cuando hacen una visita.

Los detalles de este reporte están regalados – esto que las funciones estadísticas cuánto tiempo pueblan gaste en su sitio Web del blog cuando hacen una visita.

Típicamente, los programas analytics le dejan especificar un cierto período de tiempo para exhibir una gráfica haciendo un mapa del crecimiento de su blog. ¡Así, usted puede repasar los pasados tres meses, el año pasado, o el crecimiento de su blog desde su comienzo – no importa qué información usted necesite!

Muchos bloggeres disfrutan de mirar reportes de los cuales los sitios Webes más refieren a los lectores a sus bloges. Estos tipos de reportes le permiten a un blogger ver cuáles motores de esculque exhiben su información del poste del blog, determinan si el tiempo que gastan la publicación en pizarrones de mensaje y comentarios que sale del blog es dar fruto, y más. En lo que se refiere al tráfico generador del blog, un reporte de referencia es un activo fantástico para ver qué los métodos son dignos de invertir su tiempo adentro y que es mejor dejada al borde del camino.

Desde la función analítica de reportes que los postes del blog reciben el número más alto de puntos de vista, los bloggeres que pasan el tiempo revisando estos reportes pueden hacer decisiones sensatas acerca de los tipos de contenido que escogen para publicar más. Por ejemplo, si una compañía que vende suplementos alimenticios encuentra que un suplemento particular que han estado anunciando en carteles acerca de tiene un chinguero de puntos de vista de la página, pueden planificar pues los postes que incluyen más contenido específicamente acerca de este suplemento en las esperanzas a proveer a sus lectores

Con más información y para aspirar nuevos libros de lectura que pueden estar yendo en busca de información acerca del producto también.

Reporta esa función que los esculques de palabra clave condujeron a los lectores a un sitio particular puede ser muy informativa. Si un blogger se fija ciertos esculques de trama son lectores rutinariamente delanteros para el blog por medio de resultados del motor de búsqueda, el dueño del blog puede incorporar estas palabras claves en postes del blog más a menudo en las esperanzas de caminos de SEO que crea que guían a los lectores consistentemente a su sitio Web del blog.

Un primer paso en comenzar a rastrear analytics de su blog es investigar cuáles programas de analytics son más a menudo usados con su plataforma que es el anfitrión de blog. Más analítico rastreo que los programas tienen detalló manuales de instrucción, y una internet que el esculque revolverá arriba de muchos postes del blog y guías de procedimientos sobre maximizar la plataforma rastreadora usted escoge

Una vez una comprensión básica de cómo leer reportes de analytics es dominado con maestría, la información contenida en dijeron que los reportes pueden ser absolutamente invaluables para el crecimiento de su blog y su salsa. ¡Considere analytics un guía personalizado para lo que usted está bien, lo que usted necesita mejorar y lo que sus lectores quieren más de!

" Un blog es sólo tan interesante como el interés mostrado en otros."

–

Una de las cosas más importantes para recordar acerca de correr un blog exitoso de negocio es que un blogger dinámico, efectivo siempre cambia la ruta que chambean. ¡Los lectores cambian, las compañías cambian, las industrias cambian, los clientes cambian – estar dispuesto a acomodar esos cambios y producir contenido pertinente es crucial para permanecer atinado adentro su llevando su diario personal en la Internet empeños! Como su blog crece y cambia, usted aprenderá cada vez más a través de manos sobre la experiencia. Refiera de regreso a los consejos contenidos en este libro electrónico según se necesite, sino que también acuérdese de agallandarse sus notas sobre las lecciones que usted aprende desde su día para la inmersión de día en la experiencia que lleva su diario personal en la Internet. ¡Usted es a menudo su mejor maestro!

¡El consejo más importante del que le podemos proveer es oír la voz de sus lectores y sus clientes y darle a las personas lo que quieren! A través de comentarios del blog, los correos electrónicos de lectores, y los reportes analíticos, usted aprenderán mucho acerca de cuál que chambea para su blog comercial y cuál no chambea. Oiga que la información retroactiva que usted recibe y, sobre todo, acepta la alabanza y crítica. El contenido escrito productor de forma regular es una tarea pelona pero gratificante y debería ser manejada como tal.

Como traemos este libro electrónico a un final, le alentamos a revisar los consejos listados dentro del libro y hacer notas en cómo piensa usted implementarlas en su negocio llevando su diario personal en la Internet aventura. ¡De investigar sitios Webes que son los anfitriones de blog para un día revisar su primer reporte de analytics, esperamos que la información en estas páginas le provee de los básicos puntos de apoyo para comenzar con su blog y venir bien un blogger próspero, exitoso!

Como resultado del incremento macizo en la popularidad en la internet sobre la década pasada o poco más o menos, el comercializar internets ha despegado en una ENORME forma.

Literalmente alguien puede enriquecerse de la internet, pero sólo uno de primera calidad pocos en verdad la vuelta este ' chavo convirtiendo interés ' en un negocio de tiempo completo. Algunas cifras sugieren ese sólo 5 % fuera del traslado de personas este interés en un negocio de tiempo completo. Sugeriría eso es generoso, no me asombraría si la figura auténtica estuviese en algún lado alrededor menos de 1 %.

Y eso no es de asombrarse con la cantidad de vendedor el petróleo - serpiente vendiendo ' llegue ' los planes ' el rico rápido ', destinado para hacer sólo ellos mismos enriquecedor y no poblar como usted.

¿Tan cómo la lata que usted asegura que usted no caiga en el mismo campamento como lo 95 % (o 99 %) de otros comercializadores allí afuera destinados para el fracaso? ¿Qué puede hacer usted para dramáticamente aumentar sus probabilidades de salsa cuando las probabilidades es tan apilado en contra de usted?

El propósito de este guía debe darle cada oportunidad para vencer la adversidad y enseñarle los elementos básicos que usted necesita, para no sólo ganar dinero en línea, sino para cultivar un negocio dimensionable y sostenible que proveerá pues usted y su familia en los años venideros.

Comencemos con disposición mental

La disposición mental correcta está choncha. A alguien con las habilidades necesarias de mercadeo de la internet pero faltando el paseo en coche y el foco tiene menos probabilidad de volverse exitosa que alguien con menos habilidades pero un deseo muy caliente para tener éxito.

Cualquier cosa su nivel de habilidad, adoptando la " lata hace " la vía de entrada para su negocio cosechará beneficios más abajo de la línea.

Pero puede resultar ser pelón cuando hay tantas distracciones, ¿ no pueden eso?

La entrada en el sistema para su cuenta del correo electrónico y usted verán una tonelada de correos electrónicos de comercializadores vendiéndole los últimos productos " indispensables " ". Usted necesita ganar alguna claridad y normar su toma de esta información.

El hecho regalado es tan la mayor parte de cuál siendo está vendido no trabajará para usted. De hecho algunos de eso aun no surtirá efecto del todo. Aun los comercializadores bienintencionados algunas veces venden productos que han trabajado para ellos y a menudo las personas entran de un salto instantáneamente antes de que están listos para ellas.

Tan aquí hay mi tirada de 3 pasos para ayudarle a desterrar recargo de información.

Desubscríbase de que todos los comercializadores que ya no le dan valor.

Deje de comprar productos que usted nunca usará

Encuentre un producto, donde usted se cree del creador del producto y piensa usted puede conducir al éxito el modelo, y LO PUEDE SEGUIR de un extremo a otro.

Cuando usted toma acción con opción 3 NO ENTREGAN hasta que usted ha conducido al éxito este método. Si usted se atasca, envíele un email el creador del producto o poste en un foro para socorro. Algunos productos tienen su foro privado donde usted puede tener el equivalente de mentoring.

La internet es una enorme enciclopedia interminable de información. Por lo que usted necesita hacer la " lata hacer " disposición mental, así que si usted piensa que usted puede hacer algo, entonces puede actuar y puede averiguar la información que usted necesita para hacerla

Aun el mejor descubrimiento la persona que le puede ayudar a lograrlo

La mayoría de la gente se da por vencido mucho más fácilmente cuando la información está allí afuera justo en espera de ellos para pepenarlo

Tome el camino de aprendizaje rápido. Obtenga el producto o información que usted desea, salte directamente adentro y tome acción maciza. Usted aprenderá mucho más rápidamente tomando este acercamiento y el sentimiento de logro será más tangible.

¡Acuérdese de que ... que usted puede saber cómo hacer algo excepto hasta que usted pone en práctica ese conocimiento en ese entonces está para la chingada!

Hay una suposición que con internet comercializando usted hacen muy poco y el chavo entrará a raudales en su cuenta PayPal.

Esta panorama puede materializarse si usted establece cosas bien, pero al principio hay un chinguero de chamba a hacerse.

La verdad es que cada comercializador exitoso de la internet que conozco se talla. Apenado para explotar la burbuja aquí, sino su mejor usted aprende esto ahora. Eso cuesta trabajo establecer su internet comercializando negocio.

Para ayunar pista su forma para la salsa es importante que usted permanezca tan productivo como posible. Cuando usted se vuelve de tiempo completo usted continuará con esta rutina de productividad, dejándole hacer aun más chavo en menos tiempo.

Ésta es mi tirada de 4 pasos para lograr máxima productividad:

Desconecte todas sus alertas del correo electrónico – sólo visita su cuenta del correo electrónico una vez o dos veces al día – continuamente checando correos electrónicos es la herramienta más importante del procrastinador serial. Sea muy estricto con esto.

Chambee en las limitaciones de una hora bien fundada y entonces haga una pausa en el trabajo. Enfocar la atención sólo una tarea sin distracción verá un incremento dramático en su productividad. Éste es llamado batching.

Cree su enlistado de rebumbio tan ese a usted para tener una idea evidente de lo que usted espera lograr. Esto sólo no conducirá que usted sino que también identifica su progreso (la condición para sostener motivación) permitiéndole marcar cada tarea como usted lo completa

Mantenga una revisión diaria de su progreso. Rastreando el progreso que usted hace es, otra vez, esencial para sostener motivación, También, si usted tuvo un día huevón usted pueda divisar eso y esto le deberían conducir adelante para compensarlo al día siguiente.

Aquí hay algunos en realidad cursos útiles bien que vale explorar si usted piensa que la productividad es ir para ser un asunto principal para usted.

Si usted piensa que éste es un área usted necesita más chamba adelante, aquí un gran curso sobre la productividad:

Cada negocio tiene problemas pero su cómo trata usted con ellos que marcas la diferencia. Desarrolle un positivo punto de vista y comience a creer en usted mismo.

Cuando un paquete surge de pronto en vez de la idea

Adopte un giro positivo sobre la situación. Piense

Recuerde, los problemas son oportunidades para aprender algo nuevo y a menudo valioso.

El cerebro funciona en las formas misteriosas, si usted va en busca de una solución para su paquete entonces las cosas que usted previamente pasó por alto comenzarán a saltar fuera de la página en usted. Usted o descubrirá la solución o se dará cuenta de que usted puede cambiar su acercamiento a fin de que el problema nunca aun tenga verificativo otra vez.

Así la próxima vez que usted está abollado o abrumado porque un paquete ha tenido verificativo, toma 5 minutos fuera, regrese con una disposición mental positiva, y comience a ir en busca de esa solución.

Cuando usted se pone en marcha con internet comercializando usted está tal vez miramiento para generar bastante chavo para sólo pagar las cuentas. Está bien, y un intento alentador, sino para lograr salsa usted necesita comenzar a pensar fuera de estos linderos.

Por ejemplo, sólo no considere el único producto que usted está creando o promoviendo. Comience a pensar acerca de otros artículos alguien que compraron su producto necesitaría. Esto le ayudará a cultivar a su negocio exponencialmente.

Pregúntele cualquier comercializador y ellos le contarán la parte más cara sobre mercadotécnica (ambos en el tiempo y chavo) sea adquirir a los clientes. Es demasiado más barato ponerse a existir clientes a la compra de usted que traer a clientes frescos.

Para hacer esto necesita usted una base de datos de clientes que usted puede contactar. La manera más fácil de hacer esto está poniéndoles encima de su enlistado del suscriptor a usando un respondedor automático tan

Así es que tome un minuto ahora para poner por escrito todo lo que usted es ya sea ya haciendo o yendo para hacer. Expanda lo uno y lo otro para incluir más productos que usted puede vender para esas mismas personas, no olvidando cómo puede coleccionar usted sus direcciones de correo electrónico para contactarlas sobre ocasiones múltiples en el futuro.

Entonces como usted comienza a trabajar sobre cada tiempo de la toma de proyecto fuera de cada semana a ver si

¡Usted está fincando un negocio de eso, o sólo intentando lograr hacer dinero rápidamente!

Hay un set de fondo de herramientas esenciales que es requerido para ser atinado con mercadeo de la internet. El intento y se entera de cada solo listado aquí. Finalmente usted necesitará palanquear todo estas herramientas y habilidades para aprovechar al máximo su internet comercializando esfuerzos.

Aunque la idea tal vez inicialmente asustadizo usted va a tener que hacer alguna escritura. No entre en pánico, porque afortunadamente para nosotros es un estilo diferente de escribir para lo que fuimos enseñados en escuela. En la internet usted no necesita preocuparse mucho gramática de aproximadamente 100 % de perfecto que usted sólo le escribe cómo hable.

¿Cuál le hace mucha más diversión - y más regalado para hacer?

¿Hablar es un talento natural que todos nosotros tenemos bien? Hablamos con nuestros colegas, nuestros jefes, nuestros amigos y nuestras familias. Todo lo que usted tiene que hacer es rolar de sitio a este tipo de comunicación en su mercadeo.

Una cosa que usted necesitará hacer es aprender cómo mecanografiar, aunque si el pensamiento de eso le chivea entonces hay opción alternativa.

Usted podría optar por usar Software de Reconocimiento de Voz. El número uno respetó software en el negocio es Dragon Naturally Speaking 11, hace una comprobación debajo:

El reconocimiento de voz básicamente escribe lo que usted dice, y a él mucho más rápidamente sólo hablar fuera dejando a la computadora escribirlos para usted. Hay un poquito de entrenamiento implicado como el software " aprende " las cadencias y los ritmos de su voz pero los resultados de fin están padre.

Sin embargo, si se determina que usted aprende a mecanografiar, entonces hay un gran recurso gratis bien que vale registrar la salida en

Aún cuando usted está en posición de poder subcontratar la creación contenta que usted encuentra aburrir o pelón, usted todavía necesitará sus conocimientos de mecanografía para escribir correos electrónicos etcétera.

Cuando usted comienza usted va a necesitar su sitio Web y desempeñándose como maestro de ceremonias.

Esto hace su negocio verse más profesionista. Más importante aún que lo que esto que su " chavo sitúe " debería ser tuyo.

No haga 100 % confíe en Web 2.0 sitios (vea siguiente sección) para patrocinar todo sus sitios y su contenido. Sólo requiere para vuestra cuenta estar cerrado para una razón inexplicada o un cambio en las reglas y todo su trabajo arduo está perdido.

Algo así como un " tabique " tradicional " y un mortero " negocio, su negocio en línea necesita a alguna parte vivir que usted posee. Un sitio Web central o un blog (vea posterior sección) debería ser su intento principal. Algo a lo que usted le puede dar alas, puede fincar y puede soler comunicar con sus visitas, y algo que debería quedarse con usted como un activo lucrativo mientras su negocio aumenta.

Obtener su sitio Web en plena marcha está en verdad muy fácil. Hay una tonelada de gratis manuales de instrucción en la internet y

Donde usted puede aprender .html.

Usted también puede encontrar un editor libre del .html aquí:

Una más opción sumamente popular con comercializadores de la internet es instalar su blog de wordpress. Esto le deja instantáneamente actualizar su sitio sin cualquier edición del .html.

Desempeñarse como maestro de ceremonias le echará atrás acerca de $4.95 un mes de

Más uno

Recién he discutido los beneficios principales de poseer su sitio pero apalancar Web 2.0 sitios puede ser una forma sumamente efectiva de tener tráfico para ambos su propio sitio y en seguida para sus ofertas.

¿Tan qué es una Web 2.0 sitúan?

Aquí está la definición de Wikipedia

Me gusta pensar acerca de ellos como sitios donde los usuarios pueden generar contenido por ellos mismos y / o pueden hacer comentarios sobre contenido y le pueden interactuar a otros usuarios mientras están allí. Esto quiere decir que usted puede generar su contenido que comercializa para las personas en estos sitios.

La ventaja principal para los comercializadores de la internet es que estos sitios son enormes y constantemente actualizados con un titipuchal de enlaces viniendo en ellos. Como consecuencia ellos son invariablemente muy poderosos en los motores de búsqueda, queriendo decir usted tiene que hacer mucho menos chamba para ordenar por rango en Google que lo que usted lo haría con su sitio.

Un método de incorporar esto en su estrategia global de mercadeo es apuntándole a las frases bajas de palabra clave de competencia para tener tráfico para la página y a través de su enlace. También pueden usarse para darle enlaces valiosos para sus sitios Webes. Teja 2.0 sitios le pueden dar macizo efecto de palanca en los motores de búsqueda.

Aquí hay una parte de los sitios más populares y una descripción de para lo que pueden servir:

– Someta sus pajes del abanico.

– Cree su blog.

– Someta documentos digitales que entonces quedan publicados para usted.

– Proponga sus artículos.

– Someta sus videos.

– Cree su página (o el lente).

– Cree sus artículos y sus páginas

Si usted no tiene ninguna experiencia del .html (o aun si usted lo hace) en ese entonces usted puede mejorar fuera de optar por un blog. Haga búsquedas en la Internet usando Google tiene una aventura amorosa con la plataforma número uno del blog

Por la forma las páginas son diseñadas y la forma que los postes son archived etcétera.

Invariablemente un blog Wordpress apestará más alto en el motor de búsqueda que un sitio Web estático (.html).

Usted pierde alguna flexibilidad como los sitios Wordpress pueden ser delicados y frustrantes mientras que los sitios Webes estáticos sean muy fáciles para editar.

Sin embargo, lo que usted pierde en la flexibilidad usted gana un tanto así más en otras áreas. Por ejemplo, usted le puede añadir los plugins a su blog que eficazmente aerodinamizan y a menudo automatizan tareas diferentes para usted.

Si usted quiere a las visitas para señal de lectura su poste en sitios sociales diferentes del bookmarking en ese entonces usted pueda hacer eso en el clic de un botón. Usted probablemente también puede hacer a todas las cosas adicionales que los plugins se hacen en un sitio estático pero eso necesitaría un chinguero de escritos diferentes, añadiéndose etcétera. Con Wordpress se hace mero instantáneamente salvo usted el tiempo valioso.

Estos detalles del poste del blog 15 de los plug-ines Wordpress más energéticos para 2012:

Estos obran incansablemente entre bastidores mandando fuera correos electrónicos para todo el mundo que se alista para su enlistado. Usted puede hacer cola arriba de correos electrónicos a ser enviado los intervalos determinados o envían un correo electrónico emitido por radio cuando usted necesita hacer un anuncio importante.

Fincar un enlistado de personas (una base de datos) que usted puede contactar es vital. Imagine poder escribir un correo electrónico, mandar fuera sobre el fin de semana y generar miles de dólares de renta. Puede tener verificativo y frecuentemente lo hace pero usted necesita empezar a construir su enlistado para alguna vez verse en actividad usted mismo.

Hay figuras tiradas de un lado a otro alrededor de que cada suscriptor vale $1 un mes. Así que si usted tiene a mil suscriptores entonces usted debería generar $1000 al mes.

En mi experiencia pueden ser más. Si usted tiene a 1000 clientes en su enlistado que previamente han comprado de usted y se cree de usted entonces cada uno de ellos puede valer a $2, $3, $5 un mes o más.

La verdad es está siempre la cantidad de su enlistado, es la calidad. Y si usted hace una relación de su enlistado ofreciendo contenido con valor alto, en ese entonces sus suscriptores estarán por ahí más tiempo y estarán más de parte de comprarle las cosas a usted y otros productos a usted hágale una valona a.

Las dos compañías del respondedor automático más populares y altamente recomendables son

Y

Ahora estamos al punto de la sección donde usted hace chavo en vez de gastarlo

Si usted vende cualquier cosa en línea usted necesita que alguien tramitara (o la toma) pagos para usted. Éste es el papel del procesador de pago.

Maniobra que todo para usted tan todo lo que usted tiene preocuparse por conduce tráfico. Le mostraré cómo hacer eso en el siguiente capítulo.

Por favor sea consciente de que haya ciertos nichos como jugar juegos de azar o adultorientated que la basura de procesadores en la que manejar. Aquí hay algunos procesadores populares de pago entre los que usted puede elegir.

Clickbank merece una mención como no sólo tramitan pagos para usted pero ellos proveen un mercado vibrante y ocupado donde su producto tiene exposición aumentada. Esto quiere decir si usted tiene un salesletter que muta bien, en ese entonces los afiliados sobresalientes de algunos del mundo puede decidir promover su producto.

¿Y usted sabe qué eso la manera? ¡Dinero en abundancia para usted!

Estos le pagan cada vez que usted refiere alguien a un sitio que compra algo.

Después de alistarse que usted recibe un enlace especial del referrer que quiere decir si alguien da un clic y compra usted raya. Cada venta es rastreada para su id de la cuenta así es que usted enlata entrada en el sistema en cualquier momento y ve cuánto el chavo que usted hace.

No sea demasiado atrapado arriba en esto. Le sugiero entrada en el sistema semanalmente o al final de su día de trabajo como los stats verificadores del afiliado de a devis puedan chutarse en su tiempo y puedan perjudicar su productividad.

Aquí hay un enlistado de afiliado se conecta para largarle:

Que vale una mención especial es

Los vendedores pueden promover sus productos acostumbrando lo

Los afiliados pueden alzar hasta 100 comisiones del % pagado instantáneamente para su cuenta PayPal.

Para descubrir aun más empuje de redes del afiliado para el siguiente sitio:

Algunas redes tienen reglas tan, generación mínima de tráfico antes de que usted puede aplicar, mientras que los otros automáticamente le dejan entrar. Sugiero que usted aplica para aproximadamente 10 y que usted debería ser aceptado lo suficiente como para larga usted.

Las relaciones formadoras con otros comercializadores (o ciertamente sus clientes – la nueva revisión la sección del Respondedor Automático) pueden ser una de las actividades más provechosas que usted emprende dentro del mercadeo de la internet.

Las buenas relaciones abren la puerta para las empresas conjuntas altamente provechosas, participando en resolver problemas en grupo y toda clase de en realidad cosas frías. Usted nunca sabe simplemente qué tan influyentes sus amigos mercadotécnicos se volverán.

También cuide de eso como calificar su negocio. Si usted es visto como alguien que es profesionista amigable, acomedido, y genuinamente le importa acerca de entregar a la ley servicio al cliente excelente entonces esto aumentará la percepción de personas de usted, generará confianza y podría abrir muchas puertas para usted.

Siempre dele 100 % a cada correo electrónico que usted envía, cada contacto que usted tiene y prueba para formar la mejor relación cada vez que usted conoce alguien nuevo. Usted nunca sabe a lo que puede conducir

Hay miles de cursos allí afuera acerca de ganar dinero en línea. Usted puede dominar con maestría a Facebook comercializando, puede hacer una vida de tiempo completo de PLR, lanzando sitios Webes en broma y puede beneficiarse. El enlistado sigue

Pero en realidad todo ello se reduce a tres modelos comerciales diferentes.

Aunque ahora (equivocadamente) considerado AdSense ligeramente pasado de moda, fue un fenómeno cuando fue inicialmente lanzado. Simplemente exhiba algunos anuncios Google en sus sitios y cuando alguien hace clic a través de ellos usted quieda asalariado y Google toma su corte.

En realidad fue una forma automatizada de vender anunciando espacio en sitios.

Un buen sitio Web es de valor por la cantidad de globos del ojo que puede llevar a una oferta.

Así que si usted se merece tráfico a su sitio entonces usted puede vender espacio para poblar quién quiere hacer publicidad en él

No importa cuán esto puede ser hora consumiendo. Usted frecuentemente tendría que hacer negociaciones, coleccionar el pago y codificar el aviso publicitario en su sitio, todo comiendo en su tiempo valioso.

AdSense se encarga de todo esto y está de manera chocante regalado para implementar. En términos sencillos algún código encima de su sitio, simplemente lo una vez, y Google provee anuncios altamente dirigidos a sectores específicos basados en qué contenido usted tiene en su página.

Allá por el día, el pago por el clic acostumbró ser realmente alto. Sin embargo debido al uso indebido del sistema esto se ha caído porque los anunciantes veían menos de un regreso sobre sus costos publicitarios. ¿Tan es AdSense todavía una opción viable?

Sí y no de a devis. No debería ser la única fuente de su ingreso sino usada en lugar de eso para suplementar su ingreso. Es una gran forma que comercializadores amateures deben largar generar chavo en línea, para pagar las cuentas y gastar a lo grande en un día de fiesta a toda madre.

Como discutido brevemente en la sección de la red del afiliado, el comercializar afiliados implica conducir tráfico hacia alguien si no el sitio y si alguien compra que usted obtiene un corte de la venta. El único lado de abajo es que usted no tiene control una vez que recalan en el sitio del comerciante o cómo bien el tráfico que usted envía muta en compradores.

Echemleos una ojeada las formas principales a usted le pueden echar porras personas para clickthru su enlace del afiliado para ir al sitio del comerciante:

REVISE PÁGINAS – la Revisión varios productos (el número ideal es 3) en un nicho específico y las recomendaciones de la marca para las cuales el producto que usted piensa es más conveniente. Asegure que usted tiene enlaces del afiliado para todo los productos en caso que su visita quede convencida en revisar un producto al que usted no le hace una valona tan altamente. ¡El tráfico de paseo en coche para el sitio y eso deberían dar como resultado ventas!

El CONTEXTO de Indiana SE RELACIONA – Cuando usted escribe sobre algo en su blog o su sitio entonces pone su enlace del afiliado directamente en el texto. Al hacer esto asegúrelo no afecta el flujo natural del artículo

Los dominios administrativos del ESTANDARTE – ésta es todavía una forma muy popular de publicidad, especialmente en bloges. Exhiba un anuncio gráfico del estandarte con un mensaje apremiante para hacer clic a través de con su enlace del afiliado empotrado en él

El TEXTO PEQUEÑO DA ADVERTENCIA – el Control su propio sitio y lo que surge en eso. La parte pequeña del inserto, los discretos anuncios del texto para promover productos.

¿Las MENSAJES DE APARICIÓN AUTOMÁTICA – ha sido usted alguna vez para un sitio y ha visto anunciar mensajes de aparición automática?

Usted pudo haber ido para dejar un sitio sólo para una para mensaje de aparición automática a aparecer preguntando

Usted a detener. Las mensajes de aparición automática son una gran forma de atraer las miradas para sus avisos publicitarios.

Comenzar que usted necesita sacar de entre manos un trazo adelante cómo usted va a enviar el tráfico a través de su enlace del afiliado y en ese entonces la señal arriba a una de las redes mencionadas más temprano.

Otra forma de afiliado comercializando es CPA (Costado Per ActionCost Per Acquisition). Esto está donde las personas proponen su código postal, el número de teléfono o la dirección de correo electrónico y usted rayan por pista. Esto puede ser muy lucrativo como las aplicaciones de la tarjeta de crédito y las ofertas de seguro le paguen a $1, $2 (o aun muy más alto) por pista.

Sin embargo, pues las más altas partes del beneficio destinado a dividendo usted necesita para hacer más chamba.

No obstante, para las ofertas regaladas esto puede ser muy efectivo. Por ejemplo, si alguien ofreciese una prueba gratis de un producto y todo lo que tuvieron que hacer fue proponer su dirección de correo electrónico entonces, con mercadeo altamente dirigido a sectores específicos, usted podría generar una corriente de ingresos a toda madre.

El mercadeo no en la Internet es un modelo comercial excelente que aun los Comercializadores De la Internet inexpertos pueden encajarse con

Con este modelo comercial, usted le provee los servicios a los negocios no en la Internet – todo diseñó para ayudar a esos negocios a generar ventas y ganancias.

Por ejemplo, usted le podría apuntar a los restaurantes locales con los que trabajar (este modelo surte efecto mejor con restaurantes de la poco cadena que pueden hacer su propias decisiones comerciales). Hable con ellos, y ofrézcase a establecer un sitio Web para ellos, mostrando su menú, las fotos de detalles y comensales felices como una lombriz de tratos especiales.

Usted obtiene el restaurante más " tráfico del pie " y ellos sacan provecho de ventas aumentadas y repiten costumbre.

Si bien establecer un sitio Web es una habilidad básica para un Comercializador De la Internet, usted estará sorprendido en cuántos negocios no en la Internet no tienen un sitio Web – y no tiene a alguien empleado en casa para hacer uno. Eso está donde usted entra

Usted fácilmente puede vender este servicio para varios centenares de dólares. Eso no es nada para un negocio no en la Internet comparado con el costo de Páginas Amarillas haciendo publicidad, o removiendo un espacio publicitario en el periódico local.

No le siento sólo tener que divisar en diseño del sitio Web. Hay un titipuchal de otros servicios altos de valor que usted puede ofrecer como un vendedor no conectado a la Internet. Usted puede vender móvil comercializando servicios – es decir, usted establece versiones de un sitio Web que chambean en un teléfono celular. Usted también puede vender pista captando servicios, donde usted obliga a los clientes probables a aportar su nombre y dirección de correo electrónico para coleccionar un descuento o ganar una comida gratis. El restaurante puede contactar a esos clientes regularmente con ofertas.

Hay muchos otros negocio categoriza más allá de restaurantes a los que usted puede vender servicios no en la Internet de mercadeo. Simplemente pepene las Páginas Amarillas y considere cualquier tipo de negocio que hace publicidad allí dentro. Usted le podría hablar a los locales vendedores de flores, los dentistas, los hombres para todo, los ajustadores del cuarto de baño o los jardineros – el enlistado parece no tener fin. Aquí hay algo más de buenas ideas para comenzar con fuera de la Internet el mercadeo:

Éste es un modelo enormemente comercial popular porque a diferencia de afiliado comercializando usted genere 100 % de cada venta por usted. Usted también puede reclutar a los afiliados para promoverles para usted y darles un corte de la venta. Generalmente mientras más bajo el punto de precio del producto mayor la comisión porcentual le pagó a afiliados.

Por ejemplo, si usted vende un libro electrónico de $7 con comisiones de sólo 50 % de en ese entonces los afiliados van apenas a romper sus partes traseras generando tráfico para su sitio mientras que si usted ofreciese comisiones de 100 % que pueden ser más tentadas.

Al comenzar que usted está mejor vendiendo productos digitales de información en vez de productos físicos. Usted no necesitará sujetar cualquier entrega realmente " accionaria " y es el instante así es que usted no necesita salir de la casa y hacer cualquier reparto de mercancías.

Para tener algunas buenas ideas para su cheque de Info-Products fuera de estos sitios:

Hay también una colección variada de productos diferentes de información que usted puede crear. Aquí hay un enlistado para poner a él pensar:

Libros electrónicos

Videos

Audios

Los productos de entrevista – entreviste a un experto en su nicho.

Etc de software y de escritos.

Entrenando / mentoring

Los sitios de la asociación

La parte más importante es su carta de ventas. Esto está donde usted venderá su producto así es que haga un chinguero de sentido para aprender algunas habilidades del copywriting o sub-contratarlo - ésta puede ser una opción cara como los redactores de textos publicitarios cobren un premio por sus servicios y estén encantados de hacer eso.

Aquí hay algunos los sitios del gran el redactor de textos publicitarios lleno de información gratis chida y opinión experta:

Hay ciertas tareas que usted debería estar haciendo el cada día para cultivar su negocio, como crear contenido, fincar backlinks etcétera. Sin embargo, como usted comienza a encontrar chavo regularmente viniendo en usted puede reinvertir una cierta cantidad de vuelta a subcontratar ya sea todo o algunos de estas tareas.

Esto liberará arriba de más del tiempo de Ustedes permitidor usted para ser más creativo y vendrá arriba de un titipuchal de ideas nuevas de mercadeo para cultivar a su negocio.

Pude haber escrito un libro electrónico grande sobre el tráfico y todavía todavía pude haber omitido un montón de técnicas de tráfico. Para ser honestos, hay un chinguero de tráfico diferente generando estrategias allí afuera, alguna chamba mejor que otros aun mientras alguna única chamba por un corto tiempo.

En vez del detalle un titipuchal de ellos, he decidido darle cuatro estrategias que generan tráfico del árbol de hoja perenne probado y que han hecho a los millonarios de muchos empresarios en línea.

Los artículos son una gran forma para relacionarse con personas y también con una forma efectiva de calentar a su lector antes de que visitan su sitio. Aun mientras leyendo las personas de artículos hace una relación del escritor y es más inclinada para hacer clic a través de para el sitio del escritor si disfrutan de lo que leen.

¡Cuando aterrizan en su sitio son un prospecto " afectuoso " como sientan que le saben un poco mejor que alguna corporación sin cara – ésta esperanzadamente debería traducirse en más ventas!

Está también que vale considerar que si usted activamente se compenetra en mercadeo del artículo entonces un titipuchal de sus artículos estarán disponibles en la internet. Tan por ejemplo si su nicho es medicina alternativa y usted tiene un alcance entero de artículos sobre este tema en ese entonces las personas comenzarán a verle como figura de autoridad por él

Las personas compran de figuras de autoridad porque creen que son personas que tienen soluciones de conocimiento y de oferta que los ayudan.

Mejor de todo ... artículo el mercadeo está 100 % a grapa y no le cuesta un penique. Esto es por qué muchos comercializadores lo eligen como su suministro principal de generación de tráfico.

Básicamente el mercadeo del artículo surte efecto como sigue:

Usted escribe un artículo (un mínimo de 400-500 expresa).

Usted lo envía a los directorios del artículo que son los anfitriones del artículo para usted.

Otros sitios pueden entrar y pueden pepenar su artículo y lo pueden publicar adelante su

Sitio.

Al pie de su artículo es lo " caja bio donde es esencialmente su aviso publicitario e incluye un enlace para su sitio.

Alguien viene también y lee su artículo, tiene valor de él, clics a través de para su sitio y usted esperanzadamente gana dinero.

Hay dos estrategias para artículo comercializando: Usted necesita intentar y poner tantas personas tan posibles para hacer clic a través de su artículo, el otro es usted necesita comprar su artículo en los motores de búsqueda para una palabra clave específica así es que usted les tiene tráfico coherente para ellos.

Consideraremos ambas estrategias empezando con:

El momento que usted propone un artículo y eso queda aprobado que usted le tendrá tráfico automático para eso. Éste pueden ser otros escritores haciendo una lectura ligera los directorios del artículo y su artículo atrapa su ojo o tal vez webmasters buscando contenido fresco para sus sitios.

De una u otra manera, la llave para traer a tantas personas tan posible para leer su artículo escoge un mercado caliente, y una atención que tiene capta encabezamiento.

Algo semejante como - " 7 Consejos Extraños En Relación a la Forma de Peso Lose en 10 Días " - esto es algo que acabo de hacer excepto que usted entiende la idea.

No importa cuán esto no es tan efectivo como la segunda estrategia.

Después de un corto tiempo al usar la anteriormente citada estrategia su tráfico menguará fuera para nada. La mejor forma para batallar esto es tener ordenaciones por rango en los motores de búsqueda y filtrarse a través de todo el tráfico libre para su sitio por medio de su bio boxea ".

Hay un chinguero de información contrastante escrita acerca de la Optimización para Buscadores (la SEO). Pero un chisme que definitivamente ayuda es teniendo la palabra clave a la que usted le apunta en su título. La longitud de su título es también importante. Si usted ahoga sus palabras claves con un titipuchal de palabras adicionales éste perjudicarán su ordenación por rango.

Idealmente usted quiere aspirar a una palabra clave que, cuando mecanografió en Google con citas alrededor de eso, los productos alrededor de 20,000 resultados. Tal vez más, depende qué directorio usted está usando (

Vale la pena el esfuerzo, pero

Y

También ordene por rango razonablemente bien) y el mercado al que usted le apunta.

Tan respectivo de regreso a mi encabezamiento que capta atención " 7 Consejos Extraños En Cómo

Para Perder Peso En 10 días ", por poner un ejemplo, nos deja usar la frase pierde peso en 10 días " como nuestra palabra clave dirigida a sectores específicos. Pues bien se ocupa de 170 esculques exactos un día pero eso tiene sobre 110,000 resultados en Google cuándo escrito en citas. Sin embargo

Una pelusa rápida de mirada y usted verán sitios del artículo apestando en la primera plana para este mismo término, así es que sabemos que es realizable. ¿Revise eso fuera de usted mismo?

Algunas veces el dilema es acomodar la palabra clave dentro de su título del artículo. No tenemos este paquete con nuestro ejemplo sino eso puede tener verificativo. También, para la SEO óptima asegure su palabra clave principal es como una sola pieza chorreada en su artículo cada 100-150 expresa o poco más o menos.

El comercializar artículos es gratis así es que dele un intento por usted mismo.

Los sitios nuevos generalmente necesitan tiempo y reputación antes de que comiencen a apestar en los motores de búsqueda. Teja 2.0 sitios como

Le puede tener apestando bien para una palabra clave de competencia baja en sólo las horas.

Así es que use su herramienta preferida de palabra clave y encuentre que algunas palabras claves bajas de competencia en su nicho, crean un lente (una página) en un sitio como

Eso incluye su palabra clave pocas veces a incluir el título y la publica. Entonces lleve algunos enlaces a la página con su palabra clave como la frase del ancla y el monitor donde su lente apesta en los motores de búsqueda.

Algunas veces usted alcanzará la cumbre de los motores de búsqueda, otras veces usted necesitará fincar más enlaces y algunas veces no importa cuánto chambear que usted le hace llegará en ninguna parte cerca de página 1 de Google. Podría ser la palabra clave o podría emparejarse que el mercado que tiene factores únicos requirió por Google que simplemente no es presente normalmente en estos sitios.

Pruebe y vea qué obras para usted. Si usted encuentra una palabra clave o un mercado donde usted apesta consistentemente en página 1 de Google entonces simplemente enjuague y repite. No pierda el tiempo sobre los fiascos, como un empresario usted necesita hacer decisiones como esto en bien de su negocio.

Es también una trama 2.0, altamente pensó acerca de por los motores de búsqueda y valor sano las páginas similares que crean tiempo.

Esto es difícil de amaestrar y puede ser caro para aprender excepto las cogidas sus prospectos en el momento oportuno al ir en busca de información. Adwords es el motor Google PPC y lo más popular así es que me concentraré en eso aquí.

La primera forma de utilizar a PPC es colocación haciendo publicidad. Esto es medianamente dirigido a sectores específicos publicitario e implica poner su anuncio en otros sitios relacionados con sus palabras claves. Por ejemplo si alguien está en un sitio acerca de medicina alternativa en ese entonces ya han mostrado un interés, así también podrían ser convencidos en clickingthru su anuncio y revisando su producto alternativo de medicina.

El método más popular es palabra clave apuntándole a. Digo alguien busca para " Donde puedo que compro medicina alternativa ". Esta persona es la mejor clase de prospecto porque andan buscando operador booleano AND de información que están en un adquisitivo estado de ánimo. Todo lo que usted necesita hacer es dirigirlos a su sitio así es que compran.

Encontrando las mejores palabras claves y corriendo tiempo provechoso de tomas de campañas. Usted no puede esperar entrar de un salto y comenzar a ganar dinero directamente fuera. Hay un tablón de prueba y error implicada, aunque si usted tropieza accidentalmente con palabras claves que producen campañas provechosas, entonces las son fieles.

Otro consejo es enviar tráfico revisar sitios para prevender sus prospectos, y si usted puede, intenta coleccionar su dirección de correo electrónico así es que usted puede vender para ellos otra vez.

Entonces sepárese, baile el twist y pellizque para lograr máximas conversiones de ambos sus campañas PPC y su página de aterrizaje (la captura de pista).

Facebook Marketing puede ser un método libre o pagado de la generación de tráfico.

Según Alexa.com,

¿ es el segundo sitio más visitado en el mundo (detrás de sólo Google)?. Las muchas personas son permanentemente puestas en bitácora en Facebook. Están comprometidas con actualizaciones de estatus de publicación y charlando con amigos.

Pues el tráfico libre, usted puede hacer caer en una trampa a un Facebook Page en

Esto actúa un tablón de como uno

El perfil Facebook, excepto puede usarse para promover un servicio o producto particular. Por ejemplo, si usted ha creado un sitio Web se relacionó con " verdes patinetas sin manillar ", usted podría crear un " Verde " designado Facebook Page " la Patineta sin Manillar los Abanicos ".

Use esta página para echar al correo información acerca de " verdes patinetas sin manillar ", así como también proveerle los enlaces a su sitio y las ofertas especiales usted la marca. Usted no quiere hacer esto una página comercial exhaustiva. Sea ligeramente más sutil acerca de eso que eso.

La publicidad pagada en Facebook es una versión especializada de PPC haciendo publicidad. Usted puede usar la cantidad inmensa de datos que Facebook almacena acerca de sus usuarios para llevar visitas a sus sitios para peniques un tiempo.

Para comenzar anunciando en Facebook, vaya a

. Entonces seleccione al " Create An Advert " opción.

Esto le conducirá por una lista de opciones diseñada establecer un aviso publicitario. Usted puede elegir correr una Historia Patrocinada, lo cual quiere decir que usted promueve uno de su Facebook que el estatus pone al tanto. O usted puede seleccionar a Facebook

Avisos publicitarios, que le deje promover un sitio externo. El aviso publicitario será exhibido en la columna correcta de la página que sus clientes ven cuándo son puestos en bitácora

Usted puede establecer un máximo presupuesto diario para su publicidad y puede asegurarse de que eso sólo ha exhibido para los usuarios Facebook (aquéllos que más probablemente comprarán de usted o visitarán su sitio) más especializados. Usted le puede apuntar a su aviso publicitario a través de un titipuchal de factores diferentes, la edad inclusiva, el género y la locación.

Más útilmente, usted le puede apuntar a estos avisos publicitarios basados en los intereses de los usuarios Facebook.

El apuntar a locaciones es una buena manera para probar su aviso publicitario sin dinero en abundancia de gasto. Escoja un pueblo muy específico o la ciudad y coloque su anuncio para sólo exhibir para esos usuarios Facebook. Entonces mida qué tan exitoso el aviso publicitario es. Una vez que el aviso publicitario comienza a tener clics, está listo a funcionar fuera para una base geográfica más ancha.

Así como dirigir los clics a un sitio Web externo, usted también les puede dirigir a una página Facebook. Esto marcha bien, como los usuarios Facebook prefieren quedarse dentro de Facebook. Aliénteles "a Gustarle " su página. Esto quiere decir que verán sus mensajes apareciendo dentro de su Pienso Noticioso y usted consigue comercializarles a ellos las veces múltiples para el costo de un solo clic.

Un chinguero de Facebook haciendo publicidad baja a probar innovaciones. Experimente con texto diferente de publicidad y asegúrese de que usted incluya un cuadro llamativo a ir con su aviso publicitario. Rastree todos los números y una vez usted encuentra un aviso publicitario atinado, se asegura de que usted da lo mejor con eso

Éste es el proceso de fincar y cambiar un sitio así es que los motores de búsqueda estiman tener importancia para las palabras claves que usted le apunta a. El resultado siendo usted tienen ventas y tráfico aumentado.

La primera cosa que usted necesita hacer es descubrimiento una fuente informativa de quien usted puede creerse así es que usted puede ingerir todo ello y lo puede aplicar para sus sitios. Hay un tablón de información errónea escrita acerca de la SEO. Una gran locación para señal de lectura y estudio es el propio canal You-Tube de Google donde usted tiene los hechos de fuente:

Los fundamentos básicos de SEO implican dar relevancia a un sitio a su mercado, fincar y crear calidad contenido sustancioso en la palabra clave – haga seguro el título de la página y las metaetiquetas incluir la palabra clave que usted le apunta a – y entonces fincando le apuntó a los backlinks para su sitio.

Esos son los elementos básicos y siguiendo esta estrategia regalada en la que un chinguero de comercializadores de la internet se han puesto muy plateados. Un chisme que usted necesita recordar es que la SEO es una por largo tiempo estrategia. Tenga cuidado con probar nuevos métodos que " burlan " los motores de búsqueda porque cuando descubren que han sido burlados (y lo harán) tomarán una vista muy oscura y perjudicarán sus ordenaciones por rango.

Espere hacer amistad con los motores de búsqueda usando estos fundamentos regalados de SEO aun mientras creando contenido del que su mercado meta disfrutará y benefíciese de.

Otro factor crucial es cómo es su sitio diseñado. Muchos comercializadores se preocupan mucho acerca de backlinks para su daño. Acople sus páginas internas, " ensile " que su contenido tan que hay silos múltiples (las categorías) de información pero en el mismo sitio. Como tener un sitio del gato, pero tener una sección simplemente en gatos siameses que los enlaces para la información siamesa.

Cierre herméticamente arriba de su estructura de eslabonamiento como algunos de eso puede ser contraproducente. Encuentre algunos enlaces ya sea yendo a las páginas externas o las páginas internas que usted no necesita ordenar por rango para cualquier cosa (como el ' sitemap ' o lo ' acerca de nosotros ' manda a llamar) y agregan el código rel = " nofollow " para el código para el enlace. Esto le detendrá perdiendo a PageRank que es la medida de Google de popularidad de su sitio y autoridad.

Tres grandes sitios para largar su SEO educación están debajo:

Usted es ahora armado con todas las habilidades y herramientas que usted necesita para internet comercializando salsa. Si usted sólo comienza sugiero usted lee de cabo a rabo este otra vez y baja algunas notas. Lidere encima para lo

Y la lectura acerca de lo que personas es intercambiar opiniones y es sentirse libre para afiliarse y preguntarle algunas preguntas misma.

Hay una tonelada de asociación y foros privados sitúa allí afuera, después de asociarse usted ponen descargas libres del producto más si son corridas bien es una comunidad más embarrado tejida. Esto quiere decir que usted puede sentirse menos novata escurrida que le pregunta preguntas relacionadas, aun si usted es un comercializador jugado pero no sabe nada acerca de ese tema particular.

La afiliada comercializando es una gran locación para echar a andar y mojar sus pies con mercadeo de la internet. Usted puede aprender más acerca de afiliado redes, llegando trafica, fincando sitios Webes, la Web 2.0 sitúan, mercados populares y la habilidad más valiosa que usted alguna vez puede aprender como un comercializador de la internet, cómo escribir para asegurar conversiones.

Documente su progreso, las cosas que usted aprende, los pasos que usted toma y cuando usted encuentra algo rentable usted siempre podría crear y podría soltar a un WSO como un Estudio de Casos. Usted necesitará afiliarse con el Cuarto de Guerra primero cuál es una inversión de $37 y fácilmente que vale ella

, sin embargo, no pone todos sus huevos en una canasta y se apega a un mercado como usted no sepa cuándo evolucionará ese mercado en algo diferente o completamente el fiasco fuera. El intento que el otro comercializa y si usted hacen un producto atinado en un mercado considerar mercadeo del afiliado en ese nicho también como usted ya sabe contiene a los compradores.

¡Sobre todo, acuérdese de que usted puede hacer esto!

No desperdicie su chavo en objetos brillantes para los que usted no tiene necesidad. Apéguese a los elementos básicos, continúe su educación, pruebe cosas pero siempre pruebe y rastree sus resultados y aprenda de sus experiencias.

Si usted tiene algún chavo para invertir dinero en su negocio considere traer a un mentor, están padre que la responsabilidad y siempre allí sujete su mano y le dé consejo probado. Sea cuidadoso quién usted escoge - mucho cuidado con el vendedor de petróleo de la serpiente porque hay un chinguero de ellos allí afuera.

Una cosa que usted necesitará acostumbrarse a hacer hace decisiones, ¿tan a qué está usted esperando? ¡Comience ahora mismo!!

INTRODUCCIÓN 6

Como resultado del incremento macizo en la popularidad en la internet sobre la década pasada o poco más o menos, el comercializar internets ha despegado en una ENORME forma.

Literalmente alguien puede enriquecerse de la internet, pero sólo uno de primera calidad pocos en verdad la vuelta este ' chavo convirtiendo interés ' en un negocio de tiempo completo. Algunas cifras sugieren ese sólo 5 % fuera del traslado de personas este interés en un negocio de tiempo completo. Sugeriría eso es generoso, no me asombraría si la figura auténtica estuviese en algún lado alrededor menos de 1 %.

Y eso no es de asombrarse con la cantidad de vendedor el petróleo - serpiente vendiendo ' llegue ' los planes ' el rico rápido ', destinado para hacer sólo ellos mismos enriquecedor y no poblar como usted.

¿Tan cómo la lata que usted asegura que usted no caiga en el mismo campamento como lo 95 % (o 99 %) de otros comercializadores allí afuera destinados para el fracaso? ¿Qué puede hacer usted para dramáticamente aumentar sus probabilidades de salsa cuando las probabilidades es tan apilado en contra de usted?

El propósito de este guía debe darle cada oportunidad para vencer la adversidad y enseñarle los elementos básicos que usted necesita, para no sólo ganar dinero en línea, sino para cultivar un negocio dimensionable y sostenible que proveerá pues usted y su familia en los años venideros.

Comencemos con disposición mental

La disposición mental correcta está choncha. A alguien con las habilidades necesarias de mercadeo de la internet pero faltando el paseo en coche y el foco tiene menos probabilidad de volverse exitosa que alguien con menos habilidades pero un deseo muy caliente para tener éxito.

Cualquier cosa su nivel de habilidad, adoptando la " lata hace " la vía de entrada para su negocio cosechará beneficios más abajo de la línea.

Pero puede resultar ser pelón cuando hay tantas distracciones, ¿ no pueden eso?

La entrada en el sistema para su cuenta del correo electrónico y usted verán una tonelada de correos electrónicos de comercializadores vendiéndole los últimos productos " indispensables " ". Usted necesita ganar alguna claridad y normar su toma de esta información.

El hecho regalado es tan la mayor parte de cuál siendo está vendido no trabajará para usted. De hecho algunos de eso aun no surtirá efecto del todo. Aun los comercializadores bienintencionados algunas veces venden productos que han trabajado para ellos y a menudo las personas entran de un salto instantáneamente antes de que están listos para ellas.

Tan aquí hay mi tirada de 3 pasos para ayudarle a desterrar recargo de información.

Desubscríbase de que todos los comercializadores que ya no le dan valor.

Deje de comprar productos que usted nunca usará

Encuentre un producto, donde usted se cree del creador del producto y piensa usted puede conducir al éxito el modelo, y LO PUEDE SEGUIR de un extremo a otro.

Cuando usted toma acción con opción 3 NO ENTREGAN hasta que usted ha conducido al éxito este método. Si usted se atasca, envíele un email el creador del producto o poste en un foro para socorro. Algunos productos tienen su foro privado donde usted puede tener el equivalente de mentoring.

La internet es una enorme enciclopedia interminable de información. Por lo que usted necesita hacer la " lata hacer " disposición mental, así que si usted piensa que usted puede hacer algo, entonces puede actuar y puede averiguar la información que usted necesita para hacerla

Aun el mejor descubrimiento la persona que le puede ayudar a lograrlo

La mayoría de la gente se da por vencido mucho más fácilmente cuando la información está allí afuera justo en espera de ellos para pepenarlo

Tome el camino de aprendizaje rápido. Obtenga el producto o información que usted desea, salte directamente adentro y tome acción maciza. Usted aprenderá mucho más rápidamente tomando este acercamiento y el sentimiento de logro será más tangible.

¡Acuérdese de que ... que usted puede saber cómo hacer algo excepto hasta que usted pone en práctica ese conocimiento en ese entonces está para la chingada!

Hay una suposición que con internet comercializando usted hacen muy poco y el chavo entrará a raudales en su cuenta PayPal.

Esta panorama puede materializarse si usted establece cosas bien, pero al principio hay un chinguero de chamba a hacerse.

La verdad es que cada comercializador exitoso de la internet que conozco se talla. Apenado para explotar la burbuja aquí, sino su mejor usted aprende esto ahora. Eso cuesta trabajo establecer su internet comercializando negocio.

Para ayunar pista su forma para la salsa es importante que usted permanezca tan productivo como posible. Cuando usted se vuelve de tiempo completo usted continuará con esta rutina de productividad, dejándole hacer aun más chavo en menos tiempo.

Ésta es mi tirada de 4 pasos para lograr máxima productividad:

Desconecte todas sus alertas del correo electrónico – sólo visita su cuenta del correo electrónico una vez o dos veces al día – continuamente checando correos electrónicos es la herramienta más importante del procrastinador serial. Sea muy estricto con esto.

Chambee en las limitaciones de una hora bien fundada y entonces haga una pausa en el trabajo. Enfocar la atención sólo una tarea sin distracción verá un incremento dramático en su productividad. Éste es llamado batching.

Cree su enlistado de rebumbio tan ese a usted para tener una idea evidente de lo que usted espera lograr. Esto sólo no conducirá que usted sino que también identifica su progreso (la condición para sostener motivación) permitiéndole marcar cada tarea como usted lo completa

Mantenga una revisión diaria de su progreso. Rastreando el progreso que usted hace es, otra vez, esencial para sostener motivación, También, si usted tuvo un día huevón usted pueda divisar eso y esto le deberían conducir adelante para compensarlo al día siguiente.

Aquí hay algunos en realidad cursos útiles bien que vale explorar si usted piensa que la productividad es ir para ser un asunto principal para usted.

Si usted piensa que éste es un área usted necesita más chamba adelante, aquí un gran curso sobre la productividad:

Cada negocio tiene problemas pero su cómo trata usted con ellos que marcas la diferencia. Desarrolle un positivo punto de vista y comience a creer en usted mismo.

Cuando un paquete surge de pronto en vez de la idea

Adopte un giro positivo sobre la situación. Piense

Recuerde, los problemas son oportunidades para aprender algo nuevo y a menudo valioso.

El cerebro funciona en las formas misteriosas, si usted va en busca de una solución para su paquete entonces las cosas que usted previamente pasó por alto comenzarán a saltar fuera de la página en usted. Usted o descubrirá la solución o se dará cuenta de que usted puede cambiar su acercamiento a fin de que el problema nunca aun tenga verificativo otra vez.

Así la próxima vez que usted está abollado o abrumado porque un paquete ha tenido verificativo, toma 5 minutos fuera, regrese con una disposición mental positiva, y comience a ir en busca de esa solución.

Cuando usted se pone en marcha con internet comercializando usted está tal vez miramiento para generar bastante chavo para sólo pagar las cuentas. Está bien, y un intento alentador, sino para lograr salsa usted necesita comenzar a pensar fuera de estos linderos.

Por ejemplo, sólo no considere el único producto que usted está creando o promoviendo. Comience a pensar acerca de otros artículos alguien que compraron su producto necesitaría. Esto le ayudará a cultivar a su negocio exponencialmente.

Pregúntele cualquier comercializador y ellos le contarán la parte más cara sobre mercadotécnica (ambos en el tiempo y chavo) sea adquirir a los clientes. Es demasiado más barato ponerse a existir clientes a la compra de usted que traer a clientes frescos.

Para hacer esto necesita usted una base de datos de clientes que usted puede contactar. La manera más fácil de hacer esto está poniéndoles encima de su enlistado del suscriptor a usando un respondedor automático tan

.

Así es que tome un minuto ahora para poner por escrito todo lo que usted es ya sea ya haciendo o yendo para hacer. Expanda lo uno y lo otro para incluir más productos que usted puede vender para esas mismas personas, no olvidando cómo puede coleccionar usted sus direcciones de correo electrónico para contactarlas sobre ocasiones múltiples en el futuro.

Entonces como usted comienza a trabajar sobre cada tiempo de la toma de proyecto fuera de cada semana a ver si

¡Usted está fincando un negocio de eso, o sólo intentando lograr hacer dinero rápidamente!

Hay un set de fondo de herramientas esenciales que es requerido para ser atinado con mercadeo de la internet. El intento y se entera de cada solo listado aquí. Finalmente usted necesitará palanquear todo estas herramientas y habilidades para aprovechar al máximo su internet comercializando esfuerzos.

Aunque la idea tal vez inicialmente asustadizo usted va a tener que hacer alguna escritura. No entre en pánico, porque afortunadamente para nosotros es un estilo diferente de escribir para lo que fuimos enseñados en escuela. En la internet usted no necesita preocuparse mucho gramática de aproximadamente 100 % de perfecto que usted sólo le escribe cómo hable.

¿Cuál le hace mucha más diversión - y más regalado para hacer?

¿Hablar es un talento natural que todos nosotros tenemos bien? Hablamos con nuestros colegas, nuestros jefes, nuestros amigos y nuestras familias. Todo lo que usted tiene que hacer es rolar de sitio a este tipo de comunicación en su mercadeo.

Una cosa que usted necesitará hacer es aprender cómo mecanografiar, aunque si el pensamiento de eso le chivea entonces hay opción alternativa.

Usted podría optar por usar Software de Reconocimiento de Voz. El número uno respetó software en el negocio es Dragon Naturally Speaking 11, hace una comprobación debajo:

El reconocimiento de voz básicamente escribe lo que usted dice, y a él mucho más rápidamente sólo hablar fuera dejando a la computadora escribirlos para usted. Hay un poquito de entrenamiento implicado como el software " aprende " las cadencias y los ritmos de su voz pero los resultados de fin están padre.

Sin embargo, si se determina que usted aprende a mecanografiar, entonces hay un gran recurso gratis bien que vale registrar la salida en

Aún cuando usted está en posición de poder subcontratar la creación contenta que usted encuentra aburrir o pelón, usted todavía necesitará sus conocimientos de mecanografía para escribir correos electrónicos etcétera.

Cuando usted comienza usted va a necesitar su sitio Web y desempeñándose como maestro de ceremonias.

Esto hace su negocio verse más profesionista. Más importante aún que lo que esto que su " chavo sitúe " debería ser tuyo.

No haga 100 % confíe en Web 2.0 sitios (vea siguiente sección) para patrocinar todo sus sitios y su contenido. Sólo requiere para vuestra cuenta estar cerrado para una razón inexplicada o un cambio en las reglas y todo su trabajo arduo está perdido.

Algo así como un " tabique " tradicional " y un mortero " negocio, su negocio en línea necesita a alguna parte vivir que usted posee. Un sitio Web central o un blog (vea posterior sección) debería ser su intento principal. Algo a lo que usted le puede dar alas, puede fincar y puede soler comunicar con sus visitas, y algo que debería quedarse con usted como un activo lucrativo mientras su negocio aumenta.

Obtener su sitio Web en plena marcha está en verdad muy fácil. Hay una tonelada de gratis manuales de instrucción en la internet y

Donde usted puede aprender .html.

Usted también puede encontrar un editor libre del .html aquí:

Una más opción sumamente popular con comercializadores de la internet es instalar su blog de wordpress. Esto le deja instantáneamente actualizar su sitio sin cualquier edición del .html.

Desempeñarse como maestro de ceremonias le echará atrás acerca de $4.95 un mes de

Más uno

Recién he discutido los beneficios principales de poseer su sitio pero apalancar Web 2.0 sitios puede ser una forma sumamente efectiva de tener tráfico para ambos su propio sitio y en seguida para sus ofertas.

¿Tan qué es una Web 2.0 sitúan?

Aquí está la definición de Wikipedia

Me gusta pensar acerca de ellos como sitios donde los usuarios pueden generar contenido por ellos mismos y / o pueden hacer comentarios sobre contenido y le pueden interactuar a otros usuarios mientras están allí. Esto quiere decir que usted puede generar su contenido que comercializa para las personas en estos sitios.

La ventaja principal para los comercializadores de la internet es que estos sitios son enormes y constantemente actualizados con un titipuchal de enlaces viniendo en ellos. Como consecuencia ellos son invariablemente muy poderosos en los motores de búsqueda, queriendo decir usted tiene que hacer mucho menos chamba para ordenar por rango en Google que lo que usted lo haría con su sitio.

Un método de incorporar esto en su estrategia global de mercadeo es apuntándole a las frases bajas de palabra clave de competencia para tener tráfico para la página y a través de su enlace. También pueden usarse para darle enlaces valiosos para sus sitios Webes. Teja 2.0 sitios le pueden dar macizo efecto de palanca en los motores de búsqueda.

Aquí hay una parte de los sitios más populares y una descripción de para lo que pueden servir:

– Someta sus pajes del abanico.

– Cree su blog.

– Someta documentos digitales que entonces quedan publicados para usted.

– Proponga sus artículos.

– Someta sus videos.

– Cree su página (o el lente).

– Cree sus artículos y sus páginas

Si usted no tiene ninguna experiencia del .html (o aun si usted lo hace) en ese entonces usted puede mejorar fuera de optar por un blog. Haga búsquedas en la Internet usando Google tiene una aventura amorosa con la plataforma número uno del blog

Por la forma las páginas son diseñadas y la forma que los postes son archived etcétera.

Invariablemente un blog Wordpress apestará más alto en el motor de búsqueda que un sitio Web estático (.html).

Usted pierde alguna flexibilidad como los sitios Wordpress pueden ser delicados y frustrantes mientras que los sitios Webes estáticos sean muy fáciles para editar.

Sin embargo, lo que usted pierde en la flexibilidad usted gana un tanto así más en otras áreas. Por ejemplo, usted le puede añadir los plugins a su blog que eficazmente aerodinamizan y a menudo automatizan tareas diferentes para usted.

Si usted quiere a las visitas para señal de lectura su poste en sitios sociales diferentes del bookmarking en ese entonces usted pueda hacer eso en el clic de un botón. Usted probablemente también puede hacer a todas las cosas adicionales que los plugins se hacen en un sitio estático pero eso necesitaría un chinguero de escritos diferentes, añadiéndose etcétera. Con Wordpress se hace mero instantáneamente salvo usted el tiempo valioso.

Estos detalles del poste del blog 15 de los plug-ines Wordpress más energéticos para 2012:

Estos obran incansablemente entre bastidores mandando fuera correos electrónicos para todo el mundo que se alista para su enlistado. Usted puede hacer cola arriba de correos electrónicos a ser enviado los intervalos determinados o envían un correo electrónico emitido por radio cuando usted necesita hacer un anuncio importante.

Fincar un enlistado de personas (una base de datos) que usted puede contactar es vital. Imagine poder escribir un correo electrónico, mandar fuera sobre el fin de semana y generar miles de dólares de renta. Puede tener verificativo y frecuentemente lo hace pero usted necesita empezar a construir su enlistado para alguna vez verse en actividad usted mismo.

Hay figuras tiradas de un lado a otro alrededor de que cada suscriptor vale $1 un mes. Así que si usted tiene a mil suscriptores entonces usted debería generar $1000 al mes.

En mi experiencia pueden ser más. Si usted tiene a 1000 clientes en su enlistado que previamente han comprado de usted y se cree de usted entonces cada uno de ellos puede valer a $2, $3, $5 un mes o más.

La verdad es está siempre la cantidad de su enlistado, es la calidad. Y si usted hace una relación de su enlistado ofreciendo contenido con valor alto, en ese entonces sus suscriptores estarán por ahí más tiempo y estarán más de parte de comprarle las cosas a usted y otros productos a usted hágale una valona a.

Las dos compañías del respondedor automático más populares y altamente recomendables son

Y

Ahora estamos al punto de la sección donde usted hace chavo en vez de gastarlo

Si usted vende cualquier cosa en línea usted necesita que alguien tramitara (o la toma) pagos para usted. Éste es el papel del procesador de pago.

Maniobra que todo para usted tan todo lo que usted tiene preocuparse por conduce tráfico. Le mostraré cómo hacer eso en el siguiente capítulo.

Por favor sea consciente de que haya ciertos nichos como jugar juegos de azar o adultorientated que la basura de procesadores en la que manejar. Aquí hay algunos procesadores populares de pago entre los que usted puede elegir.

(Los productos digitales sólo)

Clickbank merece una mención como no sólo tramitan pagos para usted pero ellos proveen un mercado vibrante y ocupado donde su producto tiene exposición aumentada. Esto quiere decir si usted tiene un salesletter que muta bien, en ese entonces los afiliados sobresalientes de algunos del mundo puede decidir promover su producto.

¿Y usted sabe qué eso la manera? ¡Dinero en abundancia para usted!

Estos le pagan cada vez que usted refiere alguien a un sitio que compra algo.

Después de alistarse que usted recibe un enlace especial del referrer que quiere decir si alguien da un clic y compra usted raya. Cada venta es rastreada para su id de la cuenta así es que usted enlata entrada en el sistema en cualquier momento y ve cuánto el chavo que usted hace.

No sea demasiado atrapado arriba en esto. Le sugiero entrada en el sistema semanalmente o al final de su día de trabajo como los stats verificadores del afiliado de a devis puedan chutarse en su tiempo y puedan perjudicar su productividad.

Aquí hay un enlistado de afiliado se conecta para largarle:

Que vale una mención especial es

Los vendedores pueden promover sus productos acostumbrando lo

Los afiliados pueden alzar hasta 100 comisiones del % pagado instantáneamente para su cuenta PayPal.

Para descubrir aun más empuje de redes del afiliado para el siguiente sitio:

Algunas redes tienen reglas tan, generación mínima de tráfico antes de que usted puede aplicar, mientras que los otros automáticamente le dejan entrar. Sugiero que usted aplica para aproximadamente 10 y que usted debería ser aceptado lo suficiente como para larga usted.

Las relaciones formadoras con otros comercializadores (o ciertamente sus clientes – la nueva revisión la sección del Respondedor Automático) pueden ser una de las actividades más provechosas que usted emprende dentro del mercadeo de la internet.

Las buenas relaciones abren la puerta para las empresas conjuntas altamente provechosas, participando en resolver problemas en grupo y toda clase de en realidad cosas frías. Usted nunca sabe simplemente qué tan influyentes sus amigos mercadotécnicos se volverán.

También cuide de eso como calificar su negocio. Si usted es visto como alguien que es profesionista amigable, acomedido, y genuinamente le importa acerca de entregar a la ley servicio al cliente excelente entonces esto aumentará la percepción de personas de usted, generará confianza y podría abrir muchas puertas para usted.

Siempre dele 100 % a cada correo electrónico que usted envía, cada contacto que usted tiene y prueba para formar la mejor relación cada vez que usted conoce alguien nuevo. Usted nunca sabe a lo que puede conducir

Hay miles de cursos allí afuera acerca de ganar dinero en línea.

Usted puede dominar con maestría a Facebook comercializando, puede hacer una vida de tiempo completo de PLR, lanzando sitios Webes en broma y puede beneficiarse. El enlistado sigue

Pero en realidad todo ello se reduce a tres modelos comerciales diferentes.

Aunque ahora (equivocadamente) considerado AdSense ligeramente pasado de moda, fue un fenómeno cuando fue inicialmente lanzado. Simplemente exhiba algunos anuncios Google en sus sitios y cuando alguien hace clic a través de ellos usted quieda asalariado y Google toma su corte.

En realidad fue una forma automatizada de vender anunciando espacio en sitios.

Un buen sitio Web es de valor por la cantidad de globos del ojo que puede llevar a una oferta.

Así que si usted se merece tráfico a su sitio entonces usted puede vender espacio para poblar quién quiere hacer publicidad en él

No importa cuán esto puede ser hora consumiendo. Usted frecuentemente tendría que hacer negociaciones, coleccionar el pago y codificar el aviso publicitario en su sitio, todo comiendo en su tiempo valioso.

AdSense se encarga de todo esto y está de manera chocante regalado para implementar. En términos sencillos algún código encima de su sitio, simplemente lo una vez, y Google provee anuncios altamente dirigidos a sectores específicos basados en qué contenido usted tiene en su página.

Allá por el día, el pago por el clic acostumbró ser realmente alto.

Sin embargo debido al uso indebido del sistema esto se ha caído porque los anunciantes veían menos de un regreso sobre sus costos publicitarios. ¿Tan es AdSense todavía una opción viable?

Sí y no de a devis. No debería ser la única fuente de su ingreso sino usada en lugar de eso para suplementar su ingreso. Es una gran forma que comercializadores amateures deben largar generar chavo en línea, para pagar las cuentas y gastar a lo grande en un día de fiesta a toda madre.

Como discutido brevemente en la sección de la red del afiliado, el comercializar afiliados implica conducir tráfico hacia alguien si no el sitio y si alguien compra que usted obtiene un corte de la venta. El único lado de abajo es que usted no tiene control una vez que recalan en el sitio del comerciante o cómo bien el tráfico que usted envía muta en compradores.

Echemleos una ojeada las formas principales a usted le pueden echar porras personas para clickthru su enlace del afiliado para ir al sitio del comerciante:

REVISE PÁGINAS – la Revisión varios productos (el número ideal es 3) en un nicho específico y las recomendaciones de la marca para las cuales el producto que usted piensa es más conveniente. Asegure que usted tiene enlaces del afiliado para todo los productos en caso que su visita quede convencida en revisar un producto al que usted no le hace una valona tan altamente. ¡El tráfico de paseo en coche para el sitio y eso deberían dar como resultado ventas!

El CONTEXTO de Indiana SE RELACIONA – Cuando usted escribe sobre algo en su blog o su sitio entonces pone su enlace del afiliado directamente en el texto. Al hacer esto asegúrelo no afecta el flujo natural del artículo

Los dominios administrativos del ESTANDARTE – ésta es todavía una forma muy popular de publicidad, especialmente en bloges. Exhiba un anuncio gráfico del estandarte con un mensaje apremiante para hacer clic a través de con su enlace del afiliado empotrado en él

El TEXTO PEQUEÑO DA ADVERTENCIA – el Control su propio sitio y lo que surge en eso. La parte pequeña del inserto, los discretos anuncios del texto para promover productos.

¿Las MENSAJES DE APARICIÓN AUTOMÁTICA – ha sido usted alguna vez para un sitio y ha visto anunciar mensajes de aparición automática?

Usted pudo haber ido para dejar un sitio sólo para una para mensaje de aparición automática a aparecer preguntando

Usted a detener. Las mensajes de aparición automática son una gran forma de atraer las miradas para sus avisos publicitarios.

Comenzar que usted necesita sacar de entre manos un trazo adelante cómo usted va a enviar el tráfico a través de su enlace del afiliado y en ese entonces la señal arriba a una de las redes mencionadas más temprano.

Otra forma de afiliado comercializando es CPA (Costado Per ActionCost Per Acquisition). Esto está donde las personas proponen su código postal, el número de teléfono o la dirección de correo electrónico y usted rayan por pista. Esto puede ser muy lucrativo como las aplicaciones de la tarjeta de crédito y las ofertas de seguro le paguen a $1, $2 (o aun muy más alto) por pista.

Sin embargo, pues las más altas partes del beneficio destinado a dividendo usted necesita para hacer más chamba.

No obstante, para las ofertas regaladas esto puede ser muy efectivo. Por ejemplo, si alguien ofreciese una prueba gratis de un producto y todo lo que tuvieron que hacer fue proponer su dirección de correo electrónico entonces, con mercadeo altamente dirigido a sectores específicos, usted podría generar una corriente de ingresos a toda madre.

Aquí hay un enlistado de Afiliado del CPA Se Conecta que usted puede asociarse:

El mercadeo no en la Internet es un modelo comercial excelente que aun los Comercializadores De la Internet inexpertos pueden encajarse con

Con este modelo comercial, usted le provee los servicios a los negocios no en la Internet – todo diseñó para ayudar a esos negocios a generar ventas y ganancias.

Por ejemplo, usted le podría apuntar a los restaurantes locales con los que trabajar (este modelo surte efecto mejor con restaurantes de la poco cadena que pueden hacer su propias decisiones comerciales). Hable con ellos, y ofrézcase a establecer un sitio Web para ellos, mostrando su menú, las fotos de detalles y comensales felices como una lombriz de tratos especiales.

Usted obtiene el restaurante más " tráfico del pie " y ellos sacan provecho de ventas aumentadas y repiten costumbre.

Si bien establecer un sitio Web es una habilidad básica para un Comercializador De la Internet, usted estará sorprendido en cuántos negocios no en la Internet no tienen un sitio Web – y no tiene a alguien empleado en casa para hacer uno. Eso está donde usted entra

Usted fácilmente puede vender este servicio para varios centenares de dólares. Eso no es nada para un negocio no en la Internet comparado con el costo de Páginas Amarillas haciendo publicidad, o removiendo un espacio publicitario en el periódico local.

No le siento sólo tener que divisar en diseño del sitio Web. Hay un titipuchal de otros servicios altos de valor que usted puede ofrecer como un vendedor no conectado a la Internet. Usted puede vender móvil comercializando servicios – es decir, usted establece versiones de un sitio Web que chambean en un teléfono celular. Usted también puede vender pista captando servicios, donde usted obliga a los clientes probables a aportar su nombre y dirección de correo electrónico para coleccionar un descuento o ganar una comida gratis. El restaurante puede contactar a esos clientes regularmente con ofertas.

Hay muchos otros negocio categoriza más allá de restaurantes a los que usted puede vender servicios no en la Internet de mercadeo. Simplemente pepene las Páginas Amarillas y considere cualquier tipo de negocio que hace publicidad allí dentro. Usted le podría hablar a los locales vendedores de flores, los dentistas, los hombres para todo, los ajustadores del cuarto de baño o los jardineros – el enlistado parece no tener fin. Aquí hay algo más de buenas ideas para comenzar con fuera de la Internet el mercadeo:

Éste es un modelo enormemente comercial popular porque a diferencia de afiliado comercializando usted genere 100 % de cada venta por usted. Usted también puede reclutar a los afiliados para promoverles para usted y darles un corte de la venta. Generalmente mientras más bajo el punto de precio del producto mayor la comisión porcentual le pagó a afiliados.

Por ejemplo, si usted vende un libro electrónico de $7 con comisiones de sólo 50 % de en ese entonces los afiliados van apenas a romper sus partes traseras generando tráfico para su sitio mientras que si usted ofreciese comisiones de 100 % que pueden ser más tentadas.

Al comenzar que usted está mejor vendiendo productos digitales de información en vez de productos físicos. Usted no necesitará sujetar cualquier entrega realmente " accionaria " y es el instante así es que usted no necesita salir de la casa y hacer cualquier reparto de mercancías.

Para tener algunas buenas ideas para su cheque de Info-Products fuera de estos sitios:

Hay también una colección variada de productos diferentes de información que usted puede crear. Aquí hay un enlistado para poner a él pensar:

Libros electrónicos

Videos

Audios

Los productos de entrevista – entreviste a un experto en su nicho.

Etc de software y de escritos.

Entrenando / mentoring

Los sitios de la asociación

La parte más importante es su carta de ventas. Esto está donde usted venderá su producto así es que haga un chinguero de sentido para aprender algunas habilidades del copywriting o sub-contratarlo - ésta puede ser una opción cara como los redactores de textos publicitarios cobren un premio por sus servicios y estén encantados de hacer eso.

Aquí hay algunos los sitios del gran el redactor de textos publicitarios lleno de información gratis chida y opinión experta:

Hay ciertas tareas que usted debería estar haciendo el cada día para cultivar su negocio, como crear contenido, fincar backlinks etcétera. Sin embargo, como usted comienza a encontrar chavo regularmente viniendo en usted puede reinvertir una cierta cantidad de vuelta a subcontratar ya sea todo o algunos de estas tareas.

Esto liberará arriba de más del tiempo de Ustedes permitidor usted para ser más creativo y vendrá arriba de un titipuchal de ideas nuevas de mercadeo para cultivar a su negocio.

Pude haber escrito un libro electrónico grande sobre el tráfico y todavía todavía pude haber omitido un montón de técnicas de tráfico. Para ser honestos, hay un chinguero de tráfico diferente generando estrategias allí afuera, alguna chamba mejor que otros aun mientras alguna única chamba por un corto tiempo.

En vez del detalle un titipuchal de ellos, he decidido darle cuatro estrategias que generan tráfico del árbol de hoja perenne probado y que han hecho a los millonarios de muchos empresarios en línea.

Los artículos son una gran forma para relacionarse con personas y también con una forma efectiva de calentar a su lector antes de que visitan su sitio. Aun mientras leyendo las personas de artículos hace una relación del escritor y es más inclinada para hacer clic a través de para el sitio del escritor si disfrutan de lo que leen.

¡Cuando aterrizan en su sitio son un prospecto " afectuoso " como sientan que le saben un poco mejor que alguna corporación sin cara – ésta esperanzadamente debería traducirse en más ventas!

Está también que vale considerar que si usted activamente se compenetra en mercadeo del artículo entonces un titipuchal de sus artículos estarán disponibles en la internet. Tan por ejemplo si su nicho es medicina alternativa y usted tiene un alcance entero de artículos sobre este tema en ese entonces las personas comenzarán a verle como figura de autoridad por él

Las personas compran de figuras de autoridad porque creen que son personas que tienen soluciones de conocimiento y de oferta que los ayudan.

Mejor de todo … artículo el mercadeo está 100 % a grapa y no le cuesta un penique. Esto es por qué muchos comercializadores lo eligen como su suministro principal de generación de tráfico.

Básicamente el mercadeo del artículo surte efecto como sigue:

Usted escribe un artículo (un mínimo de 400-500 expresa).

Usted lo envía a los directorios del artículo que son los anfitriones del artículo para usted.

Otros sitios pueden entrar y pueden pepenar su artículo y lo pueden publicar adelante su

Sitio.

Al pie de su artículo es lo " caja bio donde es esencialmente su aviso publicitario e incluye un enlace para su sitio.

Alguien viene también y lee su artículo, tiene valor de él, clics a través de para su sitio y usted esperanzadamente gana dinero.

Hay dos estrategias para artículo comercializando: Usted necesita intentar y poner tantas personas tan posibles para hacer clic a través de su artículo, el otro es usted necesita comprar su artículo en los motores de búsqueda para una palabra clave específica así es que usted les tiene tráfico coherente para ellos.

Consideraremos ambas estrategias empezando con:

El momento que usted propone un artículo y eso queda aprobado que usted le tendrá tráfico automático para eso. Éste pueden ser otros escritores haciendo una lectura ligera los directorios del artículo y su artículo atrapa su ojo o tal vez webmasters buscando contenido fresco para sus sitios.

De una u otra manera, la llave para traer a tantas personas tan posible para leer su artículo escoge un mercado caliente, y una atención que tiene capta encabezamiento.

Algo semejante como - " 7 Consejos Extraños En Relación a la Forma de Peso Lose en 10 Días " - esto es algo que acabo de hacer excepto que usted entiende la idea.

No importa cuán esto no es tan efectivo como la segunda estrategia.

Después de un corto tiempo al usar la anteriormente citada estrategia su tráfico menguará fuera para nada. La mejor forma para batallar esto es tener ordenaciones por rango en los motores de búsqueda y filtrarse a través de todo el tráfico libre para su sitio por medio de su bio boxea ".

Hay un chinguero de información contrastante escrita acerca de la Optimización para Buscadores (la SEO). Pero un chisme que definitivamente ayuda es teniendo la palabra clave a la que usted le apunta en su título. La longitud de su título es también importante. Si usted ahoga sus palabras claves con un titipuchal de palabras adicionales éste perjudicarán su ordenación por rango.

Idealmente usted quiere aspirar a una palabra clave que, cuando mecanografió en Google con citas alrededor de eso, los productos alrededor de 20,000 resultados. Tal vez más, depende qué directorio usted está usando (

Vale la pena el esfuerzo, pero

,

Y

También ordene por rango razonablemente bien) y el mercado al que usted le apunta.

Tan respectivo de regreso a mi encabezamiento que capta aten-ción " 7 Consejos Extraños En Cómo

Para Perder Peso En 10 días ", por poner un ejemplo, nos deja usar la frase pierde peso en 10 días " como nuestra palabra clave diri-gida a sectores específicos. Pues bien se ocupa de 170 esculques exactos un día pero eso tiene sobre 110,000 resultados en Google cuándo escrito en citas. Sin embargo

Una pelusa rápida de mirada y usted verán sitios del artículo ape-stando en la primera plana para este mismo término, así es que sabemos que es realizable. ¿Revise eso fuera de usted mismo?

Algunas veces el dilema es acomodar la palabra clave dentro de su título del artículo. No tenemos este paquete con nuestro ejemplo sino eso puede tener verificativo. También, para la SEO óptima asegure su palabra clave principal es como una sola pieza chor-reada en su artículo cada 100-150 expresa o poco más o menos.

El comercializar artículos es gratis así es que dele un intento por usted mismo.

Los sitios nuevos generalmente necesitan tiempo y reputación antes de que comiencen a apestar en los motores de búsqueda. Teja 2.0 sitios como

Le puede tener apestando bien para una palabra clave de competencia baja en sólo las horas.

Así es que use su herramienta preferida de palabra clave y encuentre que algunas palabras claves bajas de competencia en su nicho, crean un lente (una página) en un sitio como

Eso incluye su palabra clave pocas veces a incluir el título y la publica. Entonces lleve algunos enlaces a la página con su palabra clave como la frase del ancla y el monitor donde su lente apesta en los motores de búsqueda.

Algunas veces usted alcanzará la cumbre de los motores de búsqueda, otras veces usted necesitará fincar más enlaces y algunas veces no importa cuánto chambear que usted le hace llegará en ninguna parte cerca de página 1 de Google. Podría ser la palabra clave o podría emparejarse que el mercado que tiene factores únicos requirió por Google que simplemente no es presente normalmente en estos sitios.

Pruebe y vea qué obras para usted. Si usted encuentra una palabra clave o un mercado donde usted apesta consistentemente en página 1 de Google entonces simplemente enjuague y repite. No pierda el tiempo sobre los fiascos, como un empresario usted necesita hacer decisiones como esto en bien de su negocio.

Es también una trama 2.0, altamente pensó acerca de por los motores de búsqueda y valor sano las páginas similares que crean tiempo.

Esto es difícil de amaestrar y puede ser caro para aprender excepto las cogidas sus prospectos en el momento oportuno al ir en busca de información. Adwords es el motor Google PPC y lo más popular así es que me concentraré en eso aquí.

La primera forma de utilizar a PPC es colocación haciendo publicidad. Esto es medianamente dirigido a sectores específicos publicitario e implica poner su anuncio en otros sitios relacionados con sus palabras claves. Por ejemplo si alguien está en un sitio acerca de medicina alternativa en ese entonces ya han mostrado un interés, así también podrían ser convencidos en clickingthru su anuncio y revisando su producto alternativo de medicina.

El método más popular es palabra clave apuntándole a. Digo alguien busca para " Donde puedo que compro medicina alternativa ". Esta persona es la mejor clase de prospecto porque andan buscando operador booleano AND de información que están en un adquisitivo estado de ánimo. Todo lo que usted necesita hacer es dirigirlos a su sitio así es que compran.

Encontrando las mejores palabras claves y corriendo tiempo provechoso de tomas de campañas. Usted no puede esperar entrar de un salto y comenzar a ganar dinero directamente fuera. Hay un tablón de prueba y error implicada, aunque si usted tropieza accidentalmente con palabras claves que producen campañas provechosas, entonces las son fieles.

Otro consejo es enviar tráfico revisar sitios para prevender sus prospectos, y si usted puede, intenta coleccionar su dirección de correo electrónico así es que usted puede vender para ellos otra vez.

Entonces sepárese, baile el twist y pellizque para lograr máximas conversiones de ambos sus campañas PPC y su página de aterrizaje (la captura de pista).

Facebook Marketing puede ser un método libre o pagado de la generación de tráfico.

Según Alexa.com,

¿ es el segundo sitio más visitado en el mundo (detrás de sólo Google) ?. Las muchas personas son permanentemente puestas en bitácora en Facebook. Están comprometidas con actualizaciones de estatus de publicación y charlando con amigos.

Pues el tráfico libre, usted puede hacer caer en una trampa a un Facebook Page en

. Esto actúa un tablón de como uno

El perfil Facebook, excepto puede usarse para promover un servicio o producto particular. Por ejemplo, si usted ha creado un sitio Web se relacionó con " verdes patinetas sin manillar ", usted podría crear un " Verde " designado Facebook Page " la Patineta sin Manillar los Abanicos ".

Use esta página para echar al correo información acerca de " verdes patinetas sin manillar ", así como también proveerle los enlaces a su sitio y las ofertas especiales usted la marca. Usted no quiere hacer esto una página comercial exhaustiva. Sea ligeramente más sutil acerca de eso que eso.

La publicidad pagada en Facebook es una versión especializada de PPC haciendo publicidad. Usted puede usar la cantidad inmensa de datos que Facebook almacena acerca de sus usuarios para llevar visitas a sus sitios para peniques un tiempo.

Para comenzar anunciando en Facebook, vaya a

. Entonces seleccione al " Create An Advert " opción.

Esto le conducirá por una lista de opciones diseñada establecer un aviso publicitario. Usted puede elegir correr una Historia Patrocinada, lo cual quiere decir que usted promueve uno de su Facebook que el estatus pone al tanto. O usted puede seleccionar a Facebook

Avisos publicitarios, que le deje promover un sitio externo. El aviso publicitario será exhibido en la columna correcta de la página que sus clientes ven cuándo son puestos en bitácora

Usted puede establecer un máximo presupuesto diario para su publicidad y puede asegurarse de que eso sólo ha exhibido para los usuarios Facebook (aquéllos que más probablemente comprarán de usted o visitarán su sitio) más especializados. Usted le puede apuntar a su aviso publicitario a través de un titipuchal de factores diferentes, la edad inclusiva, el género y la locación.

Más útilmente, usted le puede apuntar a estos avisos publicitarios basados en los intereses de los usuarios Facebook.

El apuntar a locaciones es una buena manera para probar su aviso publicitario sin dinero en abundancia de gasto. Escoja un pueblo muy específico o la ciudad y coloque su anuncio para sólo exhibir para esos usuarios Facebook. Entonces mida qué tan exitoso el aviso publicitario es. Una vez que el aviso publicitario comienza a tener clics, está listo a funcionar fuera para una base geográfica más ancha.

Así como dirigir los clics a un sitio Web externo, usted también les puede dirigir a una página Facebook. Esto marcha bien, como los usuarios Facebook prefieren quedarse dentro de Facebook.

Aliénteles "a Gustarle " su página. Esto quiere decir que verán sus mensajes apareciendo dentro de su Pienso Noticioso y usted consigue comercializarles a ellos las veces múltiples para el costo de un solo clic.

Un chinguero de Facebook haciendo publicidad baja a probar innovaciones. Experimente con texto diferente de publicidad y asegúrese de que usted incluya un cuadro llamativo a ir con su aviso publicitario. Rastree todos los números y una vez usted encuentra un aviso publicitario atinado, se asegura de que usted da lo mejor con eso

Éste es el proceso de fincar y cambiar un sitio así es que los motores de búsqueda estiman tener importancia para las palabras claves que usted le apunta a. El resultado siendo usted tienen ventas y tráfico aumentado.

La primera cosa que usted necesita hacer es descubrimiento una fuente informativa de quien usted puede creerse así es que usted puede ingerir todo ello y lo puede aplicar para sus sitios. Hay un tablón de información errónea escrita acerca de la SEO. Una gran locación para señal de lectura y estudio es el propio canal You-Tube de Google donde usted tiene los hechos de fuente:

.

Los fundamentos básicos de SEO implican dar relevancia a un sitio a su mercado, fincar y crear calidad contenido sustancioso en la palabra clave – haga seguro el título de la página y las metaetiquetas incluir la palabra clave que usted le apunta a – y entonces fincando le apuntó a los backlinks para su sitio.

Esos son los elementos básicos y siguiendo esta estrategia regalada en la que un chinguero de comercializadores de la internet se han puesto muy plateados. Un chisme que usted necesita recordar es que la SEO es una por largo tiempo estrategia. Tenga cuidado con probar nuevos métodos que " burlan " los motores de búsqueda porque cuando descubren que han sido burlados (y lo harán) tomarán una vista muy oscura y perjudicarán sus ordenaciones por rango.

Espere hacer amistad con los motores de búsqueda usando estos fundamentos regalados de SEO aun mientras creando contenido del que su mercado meta disfrutará y benefíciese de.

Otro factor crucial es cómo es su sitio diseñado. Muchos comercializadores se preocupan mucho acerca de backlinks para su daño. Acople sus páginas internas, " ensile " que su contenido tan que hay silos múltiples (las categorías) de información pero en el mismo sitio. Como tener un sitio del gato, pero tener una sección simplemente en gatos siameses que los enlaces para la información siamesa.

Cierre herméticamente arriba de su estructura de eslabonamiento como algunos de eso puede ser contraproducente. Encuentre algunos enlaces ya sea yendo a las páginas externas o las páginas internas que usted no necesita ordenar por rango para cualquier cosa (como el ' sitemap ' o lo ' acerca de nosotros ' manda a llamar) y agregan el código rel = " nofollow " para el código para el enlace. Esto le detendrá perdiendo a PageRank que es la medida de Google de popularidad de su sitio y autoridad.

Tres grandes sitios para largar su SEO educación están debajo:

Usted es ahora armado con todas las habilidades y herramientas que usted necesita para internet comercializando salsa. Si usted sólo comienza sugiero usted lee de cabo a rabo este otra vez y baja algunas notas. Lidere encima para lo

Y la lectura acerca de lo que personas es intercambiar opiniones y es sentirse libre para afiliarse y preguntarle algunas preguntas misma.

Hay una tonelada de asociación y foros privados sitúa allí afuera, después de asociarse usted ponen descargas libres del producto más si son corridas bien es una comunidad más embarrado tejida. Esto quiere decir que usted puede sentirse menos novata escurrida que le pregunta preguntas relacionadas, aun si usted es un comercializador jugado pero no sabe nada acerca de ese tema particular.

La afiliada comercializando es una gran locación para echar a andar y mojar sus pies con mercadeo de la internet. Usted puede aprender más acerca de afiliado redes, llegando trafica, fincando sitios Webes, la Web 2.0 sitúan, mercados populares y la habilidad más valiosa que usted alguna vez puede aprender como un comercializador de la internet, cómo escribir para asegurar conversiones.

Documente su progreso, las cosas que usted aprende, los pasos que usted toma y cuando usted encuentra algo rentable usted siempre podría crear y podría soltar a un WSO como un Estudio de Casos. Usted necesitará afiliarse con el Cuarto de Guerra primero cuál es una inversión de $37 y fácilmente que vale ella

, sin embargo, no pone todos sus huevos en una canasta y se apega a un mercado como usted no sepa cuándo evolucionará ese mercado en algo diferente o completamente el fiasco fuera. El intento que el otro comercializa y si usted hacen un producto atinado en un mercado considerar mercadeo del afiliado en ese nicho también como usted ya sabe contiene a los compradores.

¡Sobre todo, acuérdese de que usted puede hacer esto!

No desperdicie su chavo en objetos brillantes para los que usted no tiene necesidad. Apéguese a los elementos básicos, continúe su educación, pruebe cosas pero siempre pruebe y rastree sus resultados y aprenda de sus experiencias.

Si usted tiene algún chavo para invertir dinero en su negocio considere traer a un mentor, están padre que la responsabilidad y siempre allí sujete su mano y le dé consejo probado. Sea cuidadoso quién usted escoge - mucho cuidado con el vendedor de petróleo de la serpiente porque hay un chinguero de ellos allí afuera.

Una cosa que usted necesitará acostumbrarse a hacer hace decisiones, ¿tan a qué está usted esperando? ¡Comience ahora mismo!!